*Robert Noah*

# Gottes Häuser in Ostfriesland

*Meiner Frau gewidmet*

*Robert Noah*

# Gottes Häuser in Ostfriesland

*Fotografie: Martin Stromann*
*Einleitender Essay von Detlef Hartlap*
*Verlag Soltau-Kurier-Norden*

# Gottes Häuser in Ostfriesland

***Fotografie: Martin Stromann***
***Text: Robert Noah***

***1. bis 5. Tausend 1989***


*Anschrift des Verlages:*
*Stellmacherstraße 14, 2980 Norden 1.*
*Layout, Lektorat, Produktion: Detlef Hartlap.*
*Grafik: Hildegard Schlachter.*
*Druck und Gesamtherstellung:*
*Soltau-Kurier-Norden. Printed in Germany.*
*ISBN 3-922365-80-9*

# Inhalt



Titelbild: Groothusen

## *Vorwort*

# Aus dem Dämmerlicht in den Bildband

Die Schönheit der ostfriesischen Landschaft nahmen Dichter wie Theodor Fontane und Heinrich Heine mit offenem Herzen wahr. Rainer Maria Rilke spricht von den „Winden" und „sehr großen Himmeln". Ungezählte Kurgäste, darunter manches gekrönte Haupt, suchten im frischen Seeklima der ostfriesischen Inseln Erholung und Heilung ihrer Gebrechen.

Noch vor kurzer Zeit galt es freilich, das Landesinnere mit seinen Dörfern und Flecken rasch zu passieren, um ohne Verzug die Küste zu erreichen. Dabei übersahen die eiligen Gäste oftmals einen der wahren Schätze Ostfrieslands – seine mittelalterlichen Kirchen.

Zwischen geduckten Backsteinhäusern inmitten kleiner und manchmal größerer Baumbestände liegen die Gotteshäuser für das Auge des flüchtigen Betrachters auf den Warften versteckt. Der mächtige imposante Kirchenbau wie zum Beispiel die große Ludgerikirche inmitten der Stadt bildet die Ausnahme von der Regel der ostfriesischen Kirchen.

Die Kirchenbauten Ostfrieslands haben zahlreiche Kriege überstanden und wurden erst in jüngster Zeit Gegenstand auch wissenschaftlicher Abhandlungen. Die in ihren Einzelheiten weniger bekannten, teilweise aber bedeutenden Stücke der kirchlichen Ausstattung – Altäre, Kanzeln, Grabmäler, Gestühle, Orgelprospekte und anderes – blieben jedoch weiter im Dämmerlicht des Kircheninneren verborgen.

Der vorliegende Bildband will diese Lücke in der bau- und kunstgeschichtlichen Literatur Ostfrieslands schließen, indem er zu gleichen Teilen beide Bereiche untersucht, das Äußere der Kirchenbauten beschreibt und das Inventar im Inneren der Kirchen dokumentiert.

Der Autor hat zunächst neben eigenen Erkenntnissen die Ergebnisse verschiedener wissenschaftlicher Arbeiten und Aufsätze über das Kirchenäußere in kurzer, allgemeinverständlicher Form zusammengefaßt. Nach Grundriß und Fassadengestaltung sowie ihren spezifischen Merkmalen ließen sich die Kirchen des 12. bis 19. Jahrhunderts in der Regel verläßlich in den Grenzen der historischen Stile einordnen. Der Behandlung des kirchlichen Inventars wurde dann ein ebenso angemessener Raum zugewiesen. Die genaue Betrachtung der Bildwerke aller Art zeigt, daß das Wesentliche allein durch Beschreibung und ikonographische Deutung nicht überall zu erfassen ist.

Der Autor löst vielmehr manche Stücke aus ihrem teils zufälligen Verbund und stellt sie in einen größeren kunstgeschichtlichen Zusammenhang.

Die Darstellung der Kirchen und ihrer Ausstattung nimmt der vorliegende Bildband in seinen zahlreichen Fotografien neben dem Textteil ein zweites Mal auf. Das geschulte Auge des professionellen Fotografen zeigt dem Betrachter eindringlich manches Kirchenobjekt auch in seiner landschaftlichen Umgebung häufig aus einer weniger vertrauten Perspektive. Viele Detailaufnahmen verdeutlichen Einzelheiten, die beim Blick auf die Gesamtheit eines Altars oftmals verlorengehen. Das Format und der Umfang des vorliegenden Bildbandes erlaubte eine reichhaltige Bebilderung, wodurch Schätze und Geheimnisse der ostfriesischen Kirchenlandschaft gebührende Würdigung erfuhren.

Dezember 1989 Robert Noah

# Die Kirchen Ostfrieslands

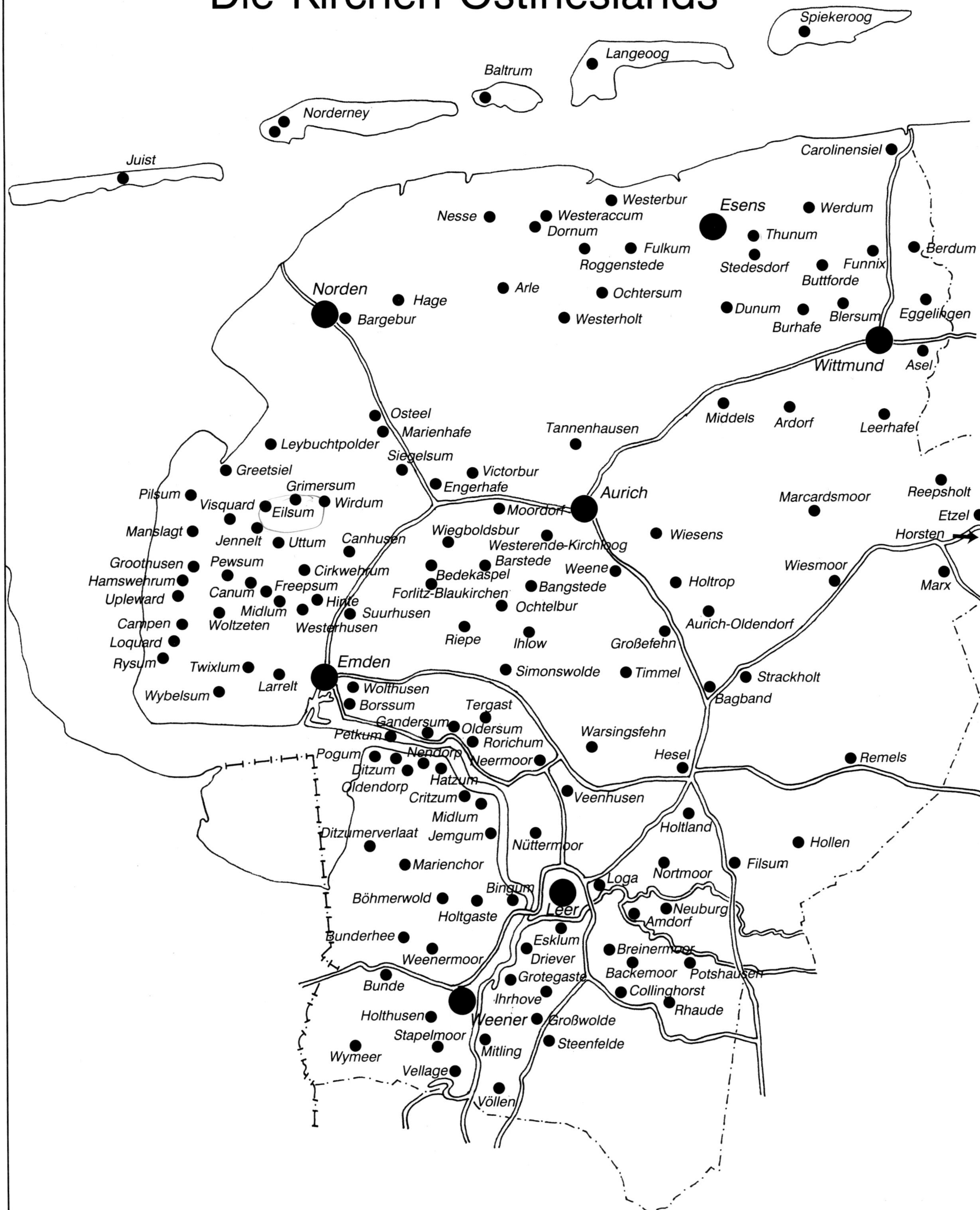

Kein Ort, nirgends. Die Kirche von Resterhafe auch nur zu finden, ist schon ein Unternehmen. Wo liegt Resterhafe? Nach einem Ortsschild sucht der Suchende vergebens. Und wenn ihn endlich die Zuversicht erfaßt hat, daß es sich bei jener Ansammlung von kleinen, oft in schrägem Winkel zur Straße stehenden Häusern um Resterhafe handeln könnte, dann schweift der Blick noch lange erfolglos nach einem Kirchturm.

Dabei muß es sie geben, die Kirche von Resterhafe. Ihr Foto existiert, es zeigt ein Idyll mit gotischem Spitz-

*Von Zeit und Welt vergessen döst die Kirche von Resterhafe auf ihrem baumumstandenen Hügel. Die Kirche von Etzel (unten), heute tief im Binnenland gelegen, gebot vor Jahrhunderten den Fluten des „Schwarzen Bracks“ Einhalt. Die größte Ausdehnung des Jadebusens reichte just bis an den Kirchenhügel.*

## *Kirche und Landschaft*

# Ein fester Halt für Aug’ und Seele

Die Kirche von Westeraccum erhebt sich zwar erhöht auf der für Ostfriesland typischen Kirchenwurt, sie ist aber dennoch in jeder Hinsicht ins Dorf- und Gemeindeleben integriert. Für die Kirche von Suurhusen (unten) ließ sich das nicht immer sagen. Die Kirche stand lange Zeit getrennt vom Dorf auf der falschen Seite der Bundesstraße 70. Jede Beerdigung wurde zum Verkehrsproblem. Eine neue Umgehungsstraße schafft Abhilfe, und auch der berühmte schiefe Turm von Suurhusen (schiefer als der von Pisa) erhielt dank umfangreicher Stützungsmaßnahmen mehr Stabilität. Seine Abweichung von der Lotrechten betrug 1909 noch 1,13 Meter, 1981 bereits bedenkliche 2,26 Meter.

türmchen unter sommerlich üppigen Baumkronen. Bescheiden hockt die Kirche auf einem grünen Hügelchen und gibt dem Bildbetrachter das Gefühl, solch exponierte Lage sei ihr eigentlich ein bißchen viel der Ehre, lieber würde sie unauffällig in der rotziegeligen Bauernhausumgebung aufgehen.

Aber das ist nur das Foto. Wo steckt die Wirklichkeit?

Sie hält sich an einem alten einstöckigen Resterhafer Haus hinter einer Regenabflußrinne verborgen und besteht aus einem braunen Wegweiser: „Kirche Resterhafe" steht darauf. Ihm nach!

Und dann taucht es tatsächlich auf, unser Kirchlein, aber was heißt auftauchen und was heißt Kirchlein? Ein Bau von einer Kirche erhebt sich fernab des Ortes in stolzer Einsamkeit. Selbst der Hügel ist größer als vermutet, eine respektable Anhöhe.

Es ist Winter, die umstehenden Bäume sind entlaubt, der Friedhof liegt kalt und still den Kirchenmauern zu Füßen, und ein rauher Wind arbeitet sich besessen an dem lästigen Hindernis Kirche ab. Der Glockenturm, von dem das Foto nichts verraten hatte, erwartet den Besucher in der Manier eines vierschrötigen Wachtpostens. Gleich geht die Glocke los, meint man; keine gute Vorstellung. Hereinbrechende Dunkelheit tut ein übriges, das vermeintliche Idyll in eine unheimelnde Kulisse zu verwandeln.

Die Kirche von Resterhafe, einsam und erhaben, wie sie inmitten der weiten Marschenlandschaft steht, ist nicht in jeder Hinsicht eine für Ostfriesland typische Kirche, aber eine ganze Reihe allgemeingültiger Merkmale weist sie doch auf.

Da ist zunächst der Hügel: So gut wie alle Kirchen in Ostfriesland sind auf Hügeln gebaut, die allermeisten auf künstlich aufgeschütteten.

In der flachen Marsch ist das am augenfälligsten. Ohne Hügel – „Wur-

**(Fortsetzung des Textes auf Seite 18)**

*Umgeben von einem Meer aus Raps: Groothusen mit der St. Petruskirche*

*Umgeben von weltlichem Getriebe: die Ludgerikirche in Norden*

*Umgeben von weidenden Kühen: die St. Johanneskirche in Engerhafe*

# Kirche und Landschaft

*Nur wenige Kirchtürme in Ostfriesland dominieren ganze Landstriche so eindrucksvoll wie der von Pilsum (oben, zur Sommers- und Winterszeit) und Arle (rechts).*

ten“ genannt – hätten die Dörfer in früheren Zeiten nicht existieren können. Der höchste Punkt auf der Wurt blieb der Kirche vorbehalten, wohinein man sich flüchtete, wenn Sturmfluten an die Wurten schwappten. Die umliegenden Gehöfte schmiegten sich in Schräglage an Hügelhang und Gotteshaus, mancherorts bildeten sie einen regelmäßigen Kreis um die Kirche. In der Krummhörn, Rysum beispielsweise oder auch Loquard, ist das heute noch gut zu sehen.

Aber nicht nur in der Marsch, auch auf der höhergelegenen Geest wurde den Kirchen meist noch ein Hügel unterlegt. So steht die Kirche von Etzel zwar auf dem höchsten Punkt einer weit in die überflutungsgefährdeten Marschen hineinreichenden Geestzunge, trotzdem legten die Baumeister alter Zeiten noch ein bißchen mehr Sicherheitsabstand zu. Forschungen ergaben, daß schon um das Jahr 1000 ein Sandhügel aufgeschüttet und um 1200 nochmals erhöht wurde, so daß die Kirche von Etzel nicht nur bei der verheerenden Marcellusflut von 1362 trockene Grundmauern behielt, sondern noch zu Anfang des 16. Jahrhunderts souverän über das „Schwarze Brack“ hinausragte, das seinerzeit als äußerste Ausdehnung des Jadebusens die Geestzunge umlagerte.

Der rauhe Wind von Resterhafe weht selbstredend auch anderen Kirchen Ostfrieslands ums Gemäuer, und fast immer weht er aus westlichen Richtungen. Das hat zuweilen konkrete Folgen.

An der Kirche von Westeraccum, die in ihrer eigentümlichen Form als Saalkirche mit drei Gewölben und Ap-

sis seit 1280 besteht, mußte im Laufe der Jahrhunderte immer mal wieder, zuletzt 1965, die Westmauer erneuert werden, sie ist der Witterung am stärksten ausgesetzt.

Westeraccum bildet übrigens die westliche Granitgrenze im ostfriesischen Kirchenbau. Granitgestein wurde nur für Kirchen im Bereich des ehemaligen Bistums Bremen verwendet; dagegen wurde im Bistum Münster ausschließlich mit Tuff- und Backsteinen gearbeitet.

Das Material für die Tuffsteinkirchen kam per Schiff nach Ostfriesland, und zwar wurde es über den Rhein transportiert und dann längs der niederländischen Küste. Die im Mittelalter noch sehr weite Ausdehnung der Harlebucht begünstigte den Bau von Tuffsteinkirchen gerade im Harlingerland. Esens, Thunum, Stedesdorf, Burhafe – überall entstanden Tuffsteinkirchen, die in Wittmund soll sogar eine dreischiffige gewesen sein. Erhalten blieb nur Stedesdorf, wenn auch in veränderter Form und vielfach ausgebessert.

Meer und Kirchen, Kirchen und Meer traten in Ostfriesland allemal in enge Wechselbeziehung. Kirchtürme, beispielsweise der berühmte „Störtebekerturm" von Marienhafe, dienten Seefahrern wie Seeräubern als Orientierungspunkte; allein zu diesem Zweck wurden ein oder zwei Stockwerke mehr aufgesetzt als normalerweise notwendig.

Älteste Karten der ostfriesischen Inseln, sogenannte „Vertonungen", dokumentieren für die Insel Juist eine eher kleine Kirche mit einem unverhältnismäßig hohen Turm – auch dies ein Beleg, daß der Kirchturm nicht nur geistlichen Zwecken diente.

Die heutige Juister Kirche ist auf der Insel bereits die sechste. Die ersten vier holte sich das gefräßige Meer, die fünfte wurde freiwillig ersetzt. Auf guten Seekarten sind Ruinen früherer Juister Kirchen nordwestlich der Insel verzeichnet. Fischer geben acht, daß sich ihre Netze nicht in einem untergegangenen alten Kirchturm verfangen.

Das Kirchdorf Roggenstede liegt zwar auf einer Geestinsel, die bis zu 3,4 Meter Höhe ansteigt, doch bei der großen Weihnachtsflut von 1717 konnten sich viele Bewohner der umliegenden Marschenhöfe nicht mehr rechtzeitig auf Geestes Höhen und in die Kirche retten. Im Kirchenbuch findet sich eine „Spezificatio derer Leiden, so in der großen Wasserfluth den 25. Dezember 1717 umgekommen, darauf gefunden und allhier zu Roggenstede auf dem Kirchhof mit christlichen Zeremonien sind beerdigt, da sie vorher gebührend eingesargt".

Insgesamt sind in den Wochen unmittelbar nach der Sturmflut 83 Personen in Roggenstede begraben worden. Die meisten Ertrunkenen konnten namentlich nicht mehr identifiziert werden. Das Dorf hatte zu je-

*Eine der ältesten Backsteinkirchen Ostfrieslands steht in Dunum (oben) auf einem geschichtsträchtigen Friedhofshügel. – Das Nebeneinander von Burg und Kirche, wie wir es heute in Hinte (unten) antreffen, war früher an vielen Orten eine Selbstverständlichkeit. Die Kirchen sind geblieben oder erneuert worden, die Burgen nur in Ausnahmefällen.*

# Kirche und Landschaft

*Von Ängsten und religiösen Wahnvorstellungen der Menschen in einer abgeschiedenen Region zeugen die Darstellungen auf dem berühmten Fries, der einst außen in luftiger Höhe an den Kirchenwänden von Marienhafe entlanglief. Die einzelnen Szenen, Gesichter und Figuren sind heute kaum mehr ausdeutbar, doch dienten sie sicherlich nicht nur, wie früher angenommen, zu dem Zweck, die Priesterschaft und ihr Treiben zu veralbern. Sie sollten vielmehr alle erdenklichen Sünden und Schicksale beschwören und gleichzeitig bannen.*

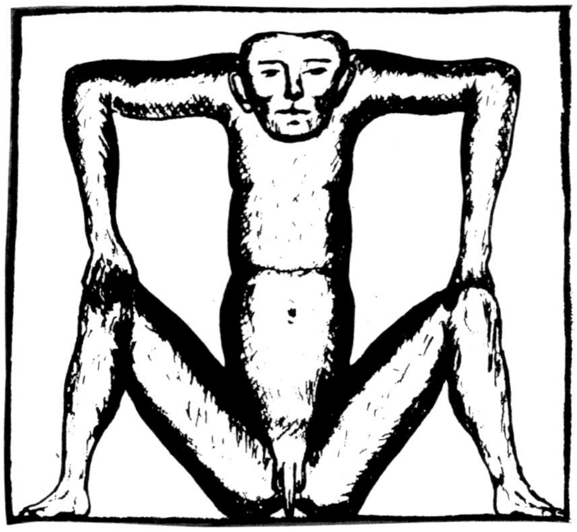

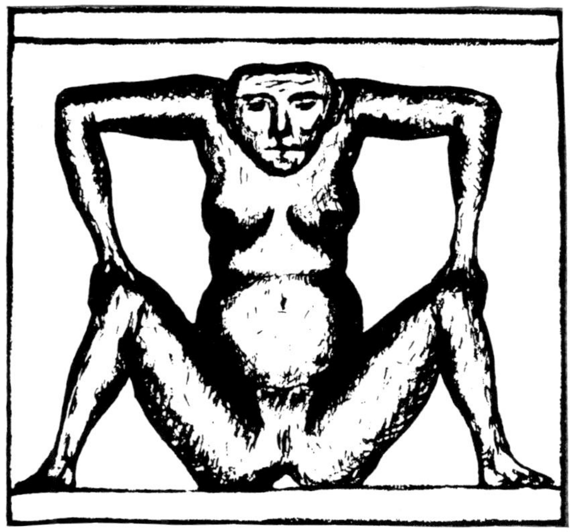

ner Zeit kaum mehr als 200 Einwohner.

Zurück nach Resterhafe, zu einer Kirche, die allein auf weiter Flur steht. Nur das alte Pfarrhaus leistet ihr Gesellschaft, aber es wohnt kein Pastor mehr darin; die Pfarrei wurde vor Jahren mit dem benachbarten Dornum zusammengelegt. Nur wenige Kirchen in Ostfriesland stehen so für sich. Blomberg ist eine davon, versteckt in einem Hain gelegen und nicht einmal mehr auf einem Hügel errichtet; 1870, im Jahr des Baus, fühlte man sich im Schutz der Deiche offenbar gegen Sturmfluten gefeit.

Gewöhnlich jedoch bleibt die Kirche in Ostfriesland im Dorf. Sie ist der Mittelpunkt, um den sich vielleicht nicht mehr alles dreht, der in seiner baulichen Unantastbarkeit das Ortsbild aber mehr prägt als jedes andere Gebäude. Auch die allmähliche Ausweitung mancher Dörfer zu Städten hat daran nichts geändert. Lamberti in Aurich und mehr noch Ludgeri in Norden sind das Herzstück ihrer stadtgewordenen Umgebung geblieben. Häuser und Straßen in Wittmund haben sich wie ein Klebeband mehrfach um die zentrale Nicolaikirche gewickelt. Ob von Norder-, Drosten-, Kirch- oder Burgstraße – überall schimmert die Nicolaikirche durch enge Lohnen oder thront mit ihrem ba-

rocken Pickelhaubenturm mütterlich über winkligen Wittmunder Ziegeldächern.

Und natürlich ist auch die Nicolaikirche an höchster Stelle auf einem

künstlich aufgeworfenen Hügel gebaut, nur daß dies in der Stadt nicht so augenfällig ist wie auf dem Lande. Immerhin, wenn Wittmunder Kinder, was sie gern tun, über den „Oll Karkhof“ radeln, dann haben sie das hierzulande seltene Erlebnis des Bergauf- oder Bergabfahrens.

Ostfrieslands Kirchen sind in den wenigsten Fällen von monumentaler Ausstrahlung. Sie übertrumpfen ihre Landschaft nicht. Sie sind Fixpunkte für das Auge, ein fester Halt im Bezugssystem der Menschen. Mehr wollen sie nicht sein.

Aber auch nicht weniger: (fast) keine der ostfriesischen Kirchen steht als Haus unter Häusern, wie das in Großstädten häufig zu beobachten ist. Im Gegenteil, Ostfrieslands Städte und Dörfer gerieten ohne das Kirchenbauwerk in ihrer Mitte aus dem Gleichgewicht. Optisch fehlte ihnen die Zuspitzung auf das größte und meist auch schönste Gebäude am Ort; seelisch würde vielen Leuten, egal ob sie eifrige Kirchgänger sind oder nicht, die feste Größe abgehen, die eine Kirche wie kein zweites Bauwerk darstellt.

Auch in ihrem Innern sind Ostfrieslands Kirchen keine Inszenierungen von christlicher Pracht und Herrlichkeit, es hält sich alles in einem dem Lande und seiner Landschaft gemäßen Rahmen. Mit der bunten und vielseitigen Völlerei süddeutscher und zumal katholischer Kirchen kann es selbst Ostfrieslands schönste und größte Kirche, Ludgeri in Norden, nicht aufnehmen, und doch spricht ihre gediegene Farben- und Formenkomposition, über Jahrhunderte entstanden und verfeinert, auf vielleicht sogar nachdrücklichere Art und Weise an, als das bei der manchmal grelleren, bestimmt aber ungehemmteren Schönheitsentfaltung in südlicheren Landschaften der Fall ist.

Ostfrieslands Kirchen sind durchaus gespickt mit kleinen und großen Schätzen, aber sie protzen nicht und bieten ihre Vorzüge, gewiß eine sehr protestantische Eigenschaft, fast ein wenig verschämt dar. Der großartigste Schnitzaltar vor der kahlen Kirchenwand (Buttforde), manch wundervolle Kanzel in einem ansonsten schmucklosen Umfeld – das ist ostfriesische Kirchenbescheidenheit.
Oder nehmen wir nur unsere schöne, einsame und ein wenig unheimliche Kirche in Resterhafe. Von Zeit und Welt vergessen steht sie auf ihrem Hügel. Wenn doch nur der Wegweiser besser zu sehen wäre, vielleicht bekäme sie häufiger Besuch . . .

**Detlef Hartlap**

*Der Erfolg und das Glück der Menschen in einer Region fanden nicht zuletzt in der Ausgestaltung der Kirche ihren Widerhall: Einen Teil ihres Wohlstands, zu dem es die Bauern von Eilsum gebracht hatten, ließen sie ihrem Gotteshaus zugute kommen und erfreuten sich an beschwingten, üppigen Engelsgestalten.*

# Gemeindeleben

Tag der Freude: in Funnix wird zur Hochzeit geblasen

# Gemeindeleben

Es singt mit Inbrunst: der gemischte Chor von Filsum

# Gemeindeleben

Licht und Schatten: ein alltäglicher Sonntag in Woltzeten

# Gemeindeleben

Gleich wird geknipst: Konfirmation in Marienhafe

GESANGBUCH

## Gemeindeleben

Blumenpracht und volle Körbe: Erntedank in Sengwarden

# Gemeindeleben

Nun lobet alle Gott: Kindergottesdienst in Wittmund

# Gemeindeleben

Einstimmung: Leers Lutherkirche wird musikalisch aufgeheizt

Gemeindeleben
Trauermarsch: im Dorf Visquard tragen sie einen der ihren zu Grabe

# Gemeindeleben

Ein Tag, der fürs Leben gilt: Taufe in Wittmund

A
Ω
IOHAN EVRS
ICH BIN
DAS BRODT DES
KOMMET DEN WIRT

## *Kleine Einführung in die Geschichte der Kirchen und Klöster in Ostfriesland*

# Eine Frage von Recht und Freiheit

Die ostfriesische Halbinsel schiebt sich als ein von eiszeitlichen Kräften und Vorgängen gestalteter Geestrücken vom Oldenburgischen aus in nordwestlicher Richtung zur Nordseeküste vor, wo sie von der baumarmen Marsch umsäumt wird. Entstand die aus Sandaufschüttungen gebildete Geestplatte bereits vor mehreren hunderttausend Jahren, so bildete sich an ihren Hängen der Marschengürtel aus Sinkstoffen des Meeres – feinstem kalkreichen Trümmergestein, Pflanzen- und Tierresten – erst nach allmählichem Abklingen der letzten Eiszeit vor zehn- bis zwölftausend Jahren.

Während der ersten Besiedlung der Marschen, die schon im 1. Jahrhundert v. Chr. einsetzte, häuften die Bewohner der Marsch zum Schutze gegen die täglichen Überflutungen Erdhügel, die sogenannten Wurten oder Warfen auf. Diese finden sich grundsätzlich auch auf der Geest und tragen noch heute Dörfer, Einzelhöfe und Kirchen. Auch nach dem Bau der ersten Deiche um das Jahr 1000 mußten die Wurten mit Rücksicht auf die jährlichen Sturmfluten weiter aufgehöht werden. Etwa um diese Zeit und begünstigt durch den Niedergang der fränkisch-karolingischen Herrschaft werden sich als frühe Verwaltungseinheiten die ostfriesischen *terrae* – selbständige Bauernrepubliken mit gewählten „consules“ – gebildet haben. Generell war diese Epoche der sogenannten Friesischen Freiheit gekennzeichnet von Wohlstand und Unabhängigkeit der *terrae*, bis sich die Konsulatsverfassung im 14. Jahrhundert mit Erstarken einzelner Häuptlingsfamilien allmählich auflöste.

Nach ständigen Auseinandersetzungen mit anderen Häuptlingen erhielt 1464 Ulrich Cirksena von Kaiser Friedrich III. das Land als kaiserliches Lehen, ohne freilich auch die größeren Herrlichkeiten besonders im Jever- und Harlingerland unter seine Herrschaft zu zwingen. Hier versteifte sich unter dem Häuptling Hero Omken der Widerstand sehr, bis im Jahre 1600 schließlich auch das Harlingerland mit der Grafschaft Ostfriesland vereinigt werden konnte.

Entscheidend wichtig für das Verständnis der mittelalterlichen Sakralbaukunst in Ostfriesland sind gewisse Aspekte des kirchlichen Lebens. Nach der im 8. Jahrhundert begonnenen Christianisierung wurden durch „Gaukirchenverbände“ zunächst Sendkirchen und später, im 11. und 12. Jahrhundert, Filialen errichtet. Im östlichen Teil Ostfrieslands lag das Patronat dieser Kirchen nirgends in der Hand eines Grundherrn; sie gehörten vielmehr als Genossenschaftskirchen der Gemeinschaft freier Bauern.

Während dieses germanische Genossenschaftsrecht in anderen Ländern durch Patronatsrechte der Grund- und später Landesherren abgelöst wurde, konnte es sich in Ostfriesland, durch Rechtsaufzeichnungen verankert, erhalten und wirkt im Harlingerland noch heute in Form des sogenannten Interessentenwahlrechts nach.

Bildeten diese besonderen Rechtsverhältnisse den Hintergrund für die Gründung unserer Kirchen, so gewannen später auch die Mönchsorden – besonders die Zisterzienser und Praemonstratenser – durch die Errichtung von insgesamt 27 Klöstern auf ostfriesischem Boden großen Einfluß auf das kirchliche Leben. Dabei ist vor allem bemerkenswert, daß vom ostfriesischen Teil der Bremer Diözese die Verbindungen zum Bischofsstuhl in Bremen sehr erschwert waren. Und auch von Bremen her bestanden zu diesem abgelegenen, von Überflutungen und Unruhen heimgesuchten und durch weite Moorgebiete abgesonderten westlichen Zipfel der Diözese nur sehr unsichere Landverbindungen. Nach Südwesten hingegen, in die geistlich regen Gebiete der nördlichen Niederlande und weiter durch die ganze Kölner Kirchenprovinz führten von Ostfriesland aus alte Handelswege; von dort her drangen auch die Mönchsorden vor.

So hatte zwischen 1183 und 1189 der Abt des Benediktiner-Klosters Appingedam bei Groningen, Hatebrand, die Abteien in Meerhusen bei Aurich (1219 erwähnt) und Thedinga nördlich von Leer begründet. Das Kloster Ihlow (gegründet 1228) gilt als Niederlassung der Abtei in Aduard bei Groningen, deren Entstehung wiederum auf das von Clairvaux aus gegründete Mutterkloster Klaarkamp zurückgeführt wird. 1163 entstand ferner das friesische Praemonstratenser-Mutterkloster Mariengaarde bei Leeuwarden, zu dessen zahlreichen Tochtergründungen auch Aland und Langen (beide 1255 erwähnt) sowie Palmar und Barthe (1290 und 1204 erwähnt) gerechnet werden. Einen Hinweis auf diese Bindungen mit den Niederlanden ergibt schließlich der Umstand, daß Langen und Aland erst 1374 aus der Aufsicht des Prämonstratenser-Klosters St. Johannes in Marne (Groningerland) entlassen wurden.

Wie sich schon aus der geologischen Beschaffenheit Ostfrieslands mit dem großen Anteil an jungen Marschen und weiten Moorflächen ergibt, ist das Land immer arm sowohl an natürlichen Steinen als auch an Bauholz gewesen. So wählte man zum Bau der ersten massiven Kirchen den Tuffstein, den man über Stapelplätze in den Niederlanden aus der Gegend um Andernach bezog. Daneben wurden die als Geschiebe eiszeitlicher Gletscher aus den skandinavischen Ländern herangeführten Granitfindlinge zum Bau der Kirchen verwendet, seit man gelernt hatte, sie durch Spalten und Behauen als Bausteine herzurichten. Aber erst die Herstellung gebrannter Ziegel erlaubte, die Mehrzahl der romanischen und dazu alle gotischen Kirchen Ostfrieslands – im ganzen nahezu 150 Bauten – aus einem heimischen Rohstoff herzustellen, der allerorts reichlich verfügbar war.

## *Klöster in Ostfriesland*

### Vom 12. bis 16. Jahrhundert

Ordenszugehörigkeit

A = Augustiner
B = Benediktiner
D = Dominikaner
F = Franziskaner
J = Johanniter
K = Karmeliter
P = Prämonstratenser
Z = Zisterzienser

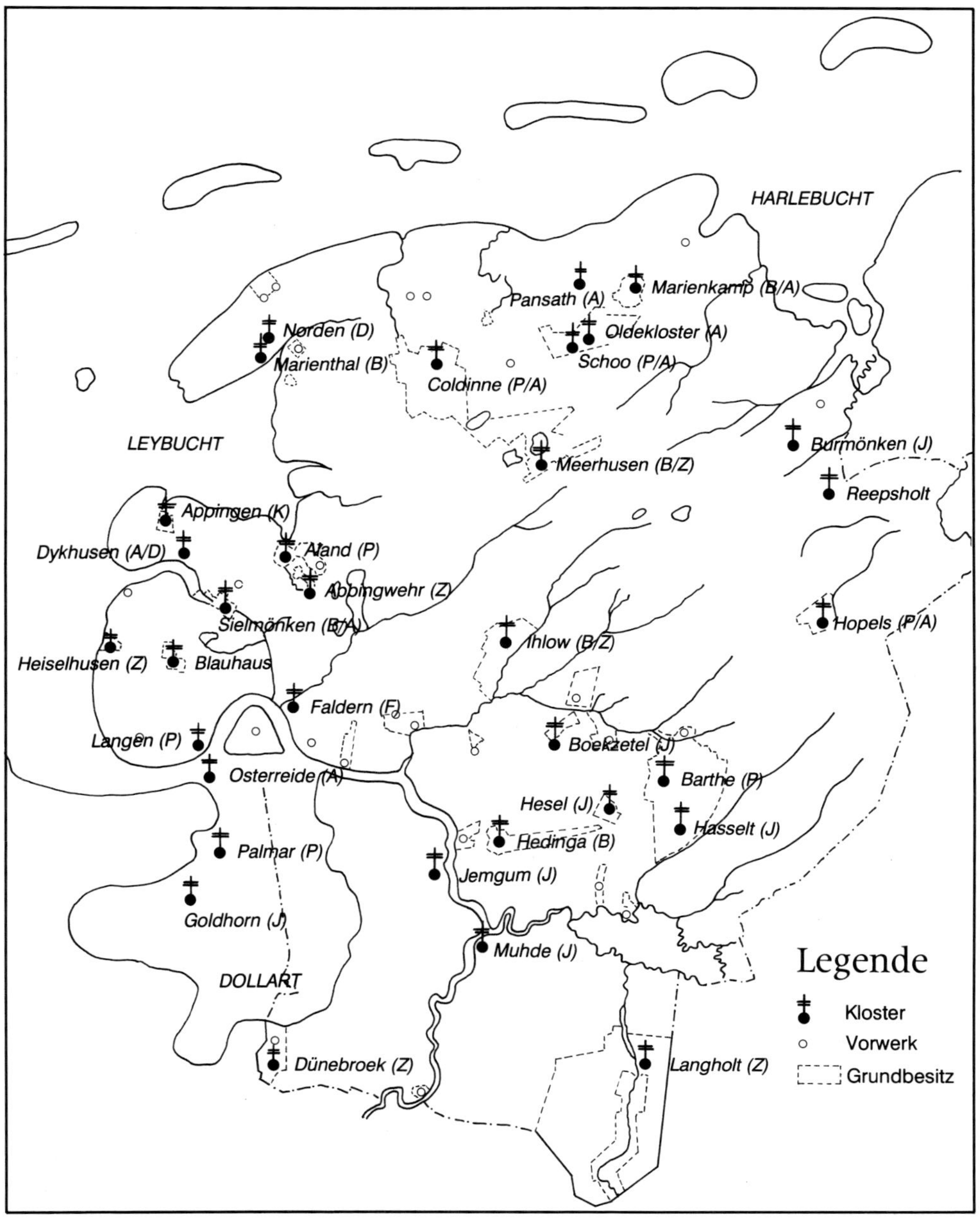

# Romanik

## Dem Herrn im Himmel ein Steinhaus auf Erden

*Bevor sich in Ostfriesland die Backsteintechnik durchsetzte – gegen 1200 –, waren Kirche und Bauleute auf andere Materialien angewiesen. So wurde Ostfrieslands älteste Kirche, Stedesdorf (oben), aus rheinischem Tuff errichtet. In Middels (unten) wurden behauene Granitfindlinge aneinandergefügt, wohingegen Horsten (gegenüber) schon aus heimischem Backstein gebaut wurde.*

Die Stilepoche der Romanik, deren Bezeichnung eine Wortschöpfung des frühen 19. Jahrhunderts ist, umfaßt in Deutschland den Zeitraum von etwa 1000 bis zur Mitte des 13. Jahrhunderts. Sieht man von frühen karolingischen und ottonischen Sakralbauten ab, so fallen ihre Anfänge zugleich mit der Einführung des Steinbaues zusammen, der überall die Holzbauweise ablöste. Dies gilt generell auch für den Kirchenbau in Ostfriesland, wo sich für die eine Hälfte des Landes – den Bereich der Bremer Diözese – im 11. Jahrhundert nicht weniger als 50 Holzkirchen nachweisen lassen. Wir wissen aus archäologisch gesicherten Funden, wie etwa

# Romanik

Granitgestein als Unsicherheitsfaktor: Die Verwendung von großen Granitblöcken erwies sich beim Kirchenbau als Flop. Im

Laufe der Zeit mußten die Mauern immer wieder nachgefestigt werden. Auch die Apsis der Kirche von Marx wirkt ein bißchen wie ein gemauerter Flickenteppich. Doch machen gerade solche Unregelmäßigkeiten den äußerlichen Charme vieler romanischer Kirchen in Ostfriesland aus.

aus Pfostensteinen zur Aufnahme von Holzständern, daß es sich hierbei in der Regel um recht bescheidene Häuser von vier bis acht Metern Breite und allenfalls siebzehn bis zwanzig Metern Länge gehandelt haben muß. Sie werden ferner in ihren konstruktiven Einzelheiten – Wänden mit Eck- und Mittelpfosten sowie senkrecht auf Grundschwellen ruhenden Bohlen – den frühmittelalterlichen Stabbauhäusern entsprochen haben. Als besonders bemerkenswert zu ihrem Grundrißschema registrieren wir aber den Umstand, daß der – glatt schließende – Chorraum zumeist leicht eingezogen wurde. Diese Ost-West-gerichteten („orientierten") Kirchlein erhielten, abgesehen von einer eventuellen Priesterpforte, den Zugang von ihrer westlichen Schmalseite, während der aus Steinen aufgesetzte Altar an die Ostwand gerückt war.

Diese frühen, mit dem erforderlichen Landbesitz ausgestatteten Kirchen des 9. bis 12. Jahrhunderts genügten durchaus den liturgischen Anforderungen der jungen, noch hart bedrängten Kirche, insbesondere als Stätte des eucharistischen Mahles und des wichtigen Sakraments der Taufe.

Dennoch waren sie – Feuer und Fäulnis wehrlos ausgesetzt – den Gläubigen nicht mehr gut genug. Und es muß einer echten Sensation gleichgekommen sein, als schon um die Mitte des 12. Jahrhunderts auf den hohen Wurten die Mauern der ersten Steinkirchen emporwuchsen. Wenn in anderen Kulturregionen Deutschlands die Holzkirche mit ihrem Westeingang und dem eingezogenen Chor als Grundlage zur Fortentwicklung der Architektur nun auch im Steinbau diente, so folgten die ersten Granitkirchen auf der ostfriesischen Halbinsel, zunächst im Jeverland und dann im angrenzenden Harlingerland aber einem gänzlich anderen Bauschema, dem ostfriesischen Apsissaal mit Ostapsis und Eingängen an den Langseiten nämlich. Wir finden diesen Typus in Ostfriesland zunächst an vier Granitkirchen verwirklicht: in Middels, Marx, Asel und Buttforde. Diese zumeist noch aus grob behauenen Steinen errichteten Bauten weisen die charakteristische Ostapsis auf oder lassen, wie in Middels und Asel, erkennen, daß diese zum ursprünglichen Bauzustand gehörten.

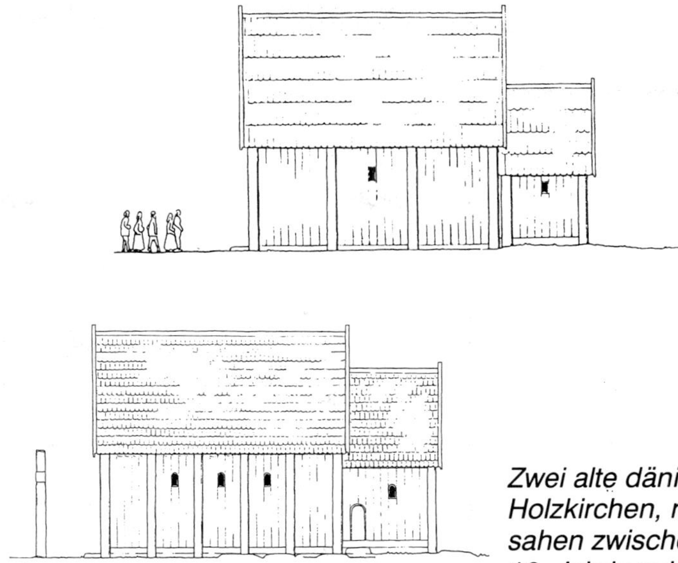

*Zwei alte dänische Holzkirchen, rekonstruiert: so sahen zwischen dem 8. und 12. Jahrhundert auch viele Kirchen in Ostfriesland aus. Das Kirchenschiff maß selten mehr als ein Dutzend Meter.*

*Die reich gegliederten Langseiten der Kirche von Hage mit ihrem Kreuzbogenfries und den Lisenen verweisen auf die spätromanische Zeit. Die Anregung zu solchen Schmuckelementen kam vermutlich von der oberitalienischen Backsteinarchitektur.*

# Romanik

*In Roggenstede mußte 1891 die baufällige Apsis durch einen Neubau ersetzt werden. Der umsichtige Baumeister hielt auf einer Skizze die schöne hochromanische Mauergliederung der damals etwa 500 Jahre alten Apsis mit all ihren Rissen und den vermauerten Fenstern fest.*

Je drei kleine Fensteröffnungen geben dem Schiff spärliches Licht, und die Eingänge sind ebenfalls für den mittelalterlichen Bau an beiden Langseiten nachzuweisen. Eine Holzdecke aus zumeist roh behauenen Balken mit aufliegenden Brettern schließt den schlichten Raum nach oben ab. Aber in Buttforde, wo auch die Mauer- und Gewändesteine sorgfältiger behauen sind, brachte die Grundinstandsetzung von 1955 deutlich erkennbare Spuren einer bemerkenswerten Fortentwicklung im Raumgefüge zutage, nämlich Überreste eines dreijochigen, schon aus Backsteinen aufgemauerten Gewölbes, wie wir dieses später an den meisten Kirchen Ostfrieslands vorfinden. Setzen wir Marx, Middels und vielleicht auch Asel in die Zeit um 1200, so spricht das aufgeführte Indiz bei Buttforde für die ersten Jahrzehnte des 13. Jahrhunderts.

Wenn der äußerst harte Granitstein die Fassadengestaltung der Kirchen bestimmte – er ließ keinerlei Schmuckformen zu –, so gilt dies im gleichen Maße auch für den zweiten Werkstein der Romanik, den mittelrheinischen Tuff nämlich, aber in umgekehrter Weise. Denn dieser vulkanische Auswurfstoff ließ sich in erdfeuchtem Zustand leicht heraussägen und zugleich formen, bevor er seinen langen Weg auf Lastkähnen rheinabwärts über Stapelplätze in Utrecht und Deventer bis zur Baustelle an der ostfriesischen Küste zurücklegte. Freilich, seine starke Porosität bescherte ihm im rauhen, feuchten Norden keine lange Lebensdauer: Keine der mittelalterlichen Tuffkirchen Ostfrieslands hat ihren ursprünglichen Bauzustand auch nur annähernd zu bewahren vermocht. In seine Poren vom Wind eingetriebenes und dann bei Frost als Eis sich ausdehnendes Regenwasser konnte außen leicht den Stein an der Oberfläche in schalenartigen Absprengungen zerstören. Erfaßte die Verwitterung die ganze Dicke der Außenschale und griff schließlich auf den Füllkern über, so war die Standsicherheit der Mauer nicht mehr gewährleistet. Abgesehen von den gänzlich zerfallenen und dann durch Neubauten ersetzten Tuffkirchen in Esens und Thunum blieben, wenn auch reichlich von späterem Mauerwerk aus Backsteinen durchsetzt, wenigstens in Teilen die Kirchen von Arle, Nesse und Stedesdorf erhalten. Drei andere Kirchen hingegen, Groothusen, Larrelt und Rysum, mußten im späten Mittelalter ebenfalls niedergelegt

*Eindrucksvoller noch als das Foto läßt die naturgetreue Fassadenzeichnung der Kirche von Buttforde die großen Flickstellen im*

*Mauerwerk erkennen. Die größeren (und schwereren) Steine wurden verständlicherweise in den unteren Mauerregionen verbaut.*

werden, worauf sie freilich im 15. Jahrhundert gleichsam in neuer Gestalt – dann in spätgotischen Stilformen – wieder erstanden.

Die Bauleute werden in den mittelrheinischen Steinbrüchen von Kruft und Plaidt bereits beim Heraussägen die Werksteine an Ort und Stelle etwa zu Rundbogenfriesen entsprechend halbrund zugerichtet haben. Damit war ein wesentliches Element der Fassadengliederung schon vorgegeben. Auf jeden Fall aber gelangten die romanischen Architekturdetails – der harte Granitstein ließ solche nicht zu – auch in unsere abgelegenen Küstenregionen. Und den ostfriesischen Bauleuten standen fortan Sockel, Lisenen, Traufgesimse, sodann „modisch" gegliederte Fenster- und Portalgewände zu Gebote.

So finden wir noch heute besonders die Nordmauer in Arle (um 1200) gestalterisch ansprechend durch schlanke Lisenen in ganzer Mauerhöhe belebt, die ursprünglich mit Sicherheit von einem Sockel aufstiegen und unter der Traufe in Rundbogenfriese liefen. Am Mauerwerk der Ostapsis, wo auch die originalen Fensteröffnungen erkennbar blieben, ist dieses schon klassisch zu nennende Fassadenelement der Romanik noch vorhanden.

Soweit noch erkennbar, behielten auch die ostfriesischen Tuffkirchen das vorgegebene Grundrißschema des Apsissaales bei, hier und dort durch einen vorgesetzten Westturm bereichert. Mit zwei Ausnahmen. In Norden entstand gegen Ende des 13. Jahrhunderts gleichsam als Konkurrenz zum schlichten, flachgedeckten Apsissaal von St. Ludger eine stattliche, viertürmige Basilika mit kreuzförmigem Abschluß. Das damals noch verwendete Material – eben der rheinische Tuffstein – begrenzte die Lebensdauer dieser Stadtkirche auf nur vier Jahrhunderte.

Dieses traurige Schicksal blieb der ältesten, wenigstens in Teilen noch erhalten gebliebenen Tuffkirche der ostfriesischen Halbinsel, Stedesdorf, aber erspart. Besonders auffallend, wie eine verläßliche Rekonstruktion ergab, auch die Grundrißkonzeption mit breitem Schiff, eingezogenem Chor und halbrunder Ostapsis, ein Befund, der zusammen mit anderen Indizien belegt, daß Stedesdorf dem ostfriesischen Apsissaal zeitlich voraufging und mithin in die Zeit kurz vor 1150 gesetzt werden kann. Auch dort finden wir mauerhohe Lisenen vor, dazu über den Fenstern und dem Südportal den seltenen Sichelbogen und, ebenfalls über dem Hauptportal, einen kurzen Rundbogenfries.

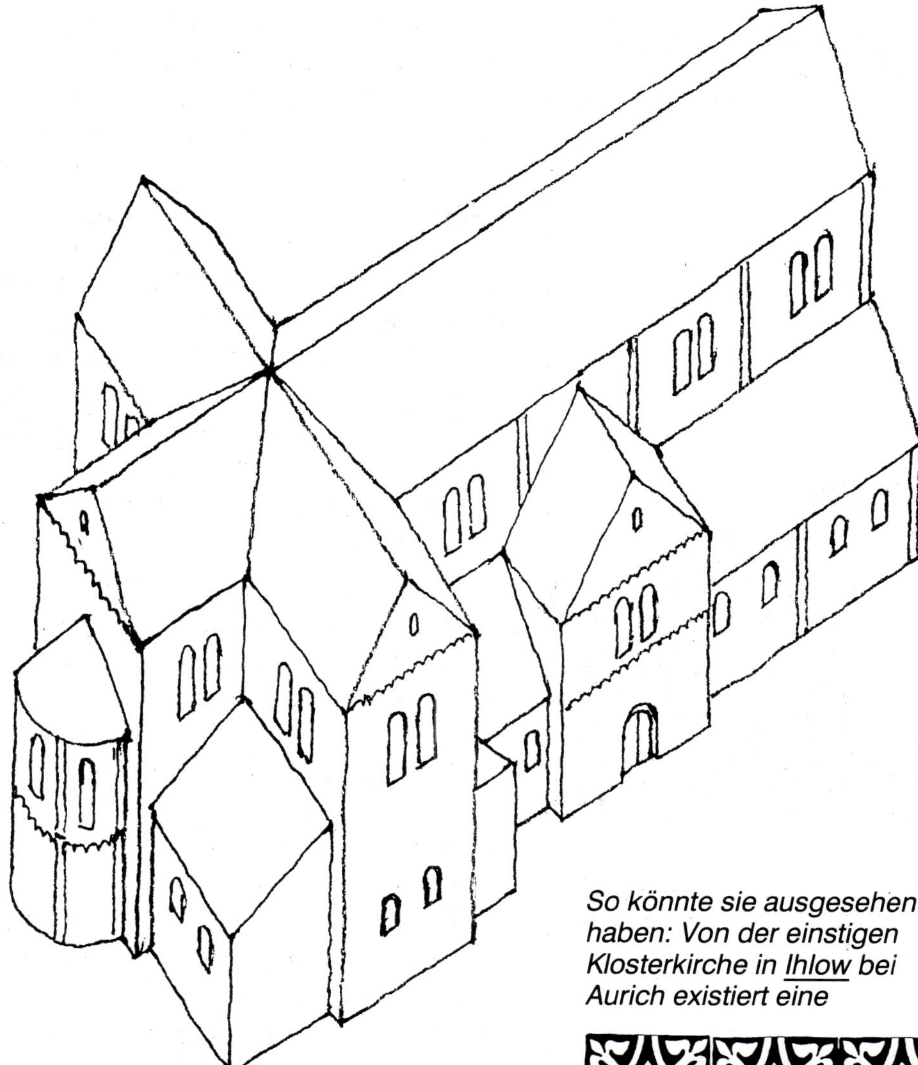

*So könnte sie ausgesehen haben: Von der einstigen Klosterkirche in Ihlow bei Aurich existiert eine verläßliche Grundrißkonstruktion; die Zeichnung der Aufbauten ist dagegen spekulativ. Auf jeden Fall aber dürften sie wesentlich imposanter gewesen sein, als beispielsweise die heutige Kirche von Holtrop (oben links). Bei Ausgrabungen wurden Bodenfliesen gefunden, deren Pracht das hohe Ansehen des Klosters im Mittelalter unterstreicht.*

# Romanik

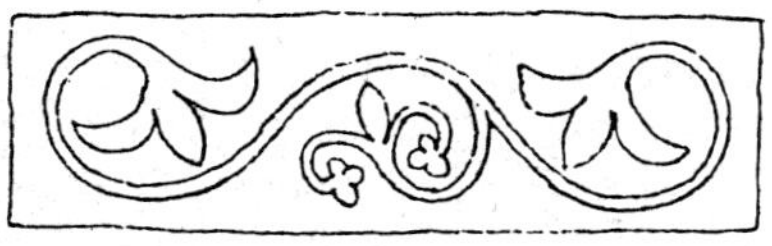

*Filigrane Schmuckranken und eher derbes Bauhandwerk – beides gehört zum Bild der Romanik in Ostfriesland. Die Ziegelmarken stammen aus Aurich-Oldendorf (oben) und Campen; die gewaltigen Stützelemente geben der Kirche von Critzum im Rheiderland den nötigen Halt.*

Zu der Zeit um 1200 wurde in Ostfriesland durch Vermittlung der Mönchsorden eine weitere, wahrhaft umwälzende neue Bauweise bekannt: der Backsteinbau. Fortan ließ sich nach Anleitung wandernder Ziegelmeister und ihrer Gehilfen der überall reichlich verfügbare Lehm ergraben, aufbereiten, in Holzformen schlagen und schließlich in großen Meilern zu handlichen, roten Steinen brennen. So brachte denn das auch geistlich rege 13. Jahrhundert mehr Kirchen hervor als je ein Jahrhundert danach – bis in unsere Tage hinein.

Freilich, die ersten Kirchen in dieser neuen Bauweise mußten zunächst noch auf Gewölbe und auch auf jeden gestalterischen Schmuck ihrer Außenmauern verzichten. So finden wir etwa an den Reiderländer Apsissälen von Ditzum, Midlum und Bingum aus der Zeit um 1200 die ungegliederten, glatten Mauern in ihren oberen Zonen lediglich von kleinen Rundbogenfenstern durchbrochen. Die schmalen Rundbogenportale in Midlum erhielten auch nur einen senkrechten Rücksprung ihrer Gewände. Dieselben rustikalen Mauern, bar jeglicher Belebung, treten uns ebenfalls in Dunum entgegen, wo wir bei genauerem Hinsehen auch die kleinen hochsitzenden – heute vermauerten – Rundbogenfenster erkennen.

Diese rustikale, spröde Architektur sollte sich noch in den Jahrzehnten vor der Jahrhundertmitte ganz entscheidend wandeln. Der ohne jede Schwierigkeit in Holzformen herstellbare Backstein erlaubte den Bauleuten nämlich auch, die in der Werksteinarchitektur längst entwickelten Schmuckelemente nachzubilden: Sockel, die uns schon vom Tuffbau her bekannten Lisenen und Bogenfriese, sodann Wulsteinlagen für Fenster- und Portalgewände, Blendbögen und anderes mehr. Freilich wird dieser Fassadenaufbau, wie wir es schon beim Tuffsteinbau feststellen konnten, nicht im Lande selbst entwickelt worden sein. Es kann vielmehr als sicher gelten, daß diese Stilformen ebenso wie der Gewölbebau durch die Bautätigkeit der Mönchsorden, vor allem der Zisterzienser vermittelt wurde. Und hier wiederum ist auf die tragende Rolle des Klosters Ihlow hinzuweisen, dessen um 1230 vollendete, riesige, über 60 Meter lange und, wie dies eine verläßliche Rekonstruktion ergab, auch schon voll gewölbte Kirche bereits eine reichhaltige Bauzier enthielt: gegliederte Sockel und Wandpfeiler, Gewölberippen sowie Rund- und Kreuzbogenfriese. Wo sonst hätten die Bauleute etwa der um 1220/40 entstandenen Kirche in Victorbur die eleganten Halbrundstäbe, den aufwendigen Kreuzbogenfries auf Konsolsteinen und auch die Lisenengliederung in ihrer Südmauer – der Hauptschauseite – finden können? Diese wird auf ebenso einleuchtende wie handwerklich überzeugende Weise zunächst durch einen zirka sieben Zentimeter (1/4-Stein) tiefen Rücksprung des Mauerwerks etwa im oberen Drittel der Fassade gebildet. Das Niveau des Mauerwerkes setzt sich in den Lisenen und den Zierstäben fort und deckt sich wandbündig mit der Vorderkante des Abschlußfrieses. Die Fensterbögen schließlich werden von dem in Ostfriesland seltenen sogenannten Sichelbogen begleitet.

Die gleiche konsequent durchgebildete Fassadengliederung finden wir an der St.-Ansgar-Kirche von Hage vor: Lisenen mit Rundstäben, einen Kreuzbogenfries sowie darüber recht aufwendig gleich drei Stromschichten („Deutsches Band"). Wie in Victorbur begleiten Sichelbögen als Flachschicht die kleinen Fensteröffnungen, deren Gewände noch aus schrägen Laibungen gebildet sind. Hervorzuheben ist in Hage die außerordentlich gute Qualität des ursprünglichen Mauerwerks, aber auch die Sorgfalt, mit der bei einer Grundinstandsetzung 1964 vor allem die großen, nachträglich eingebrochenen Fenster auf der Südseite – am helleren Mauerwerk noch erkennbar – wieder zugesetzt wurden.

Diese schmuckfreudige Architektur von Hage und Victorbur finden wir aber nicht an allen romanischen

Kirchen des Landes aus der gleichen Zeit. Pfarrgemeinden von geringerer Bedeutung und auch solche mit weniger reichen Pfründen ausgestattet, wie Roggenstede etwa, mußten mit bescheidenen Kirchenbauten und sicher auch mit einem weniger versierten Baumeister vorlieb nehmen. Gleichwohl erhielten die Langseiten dieses – ursprünglich gewölbten – Apsissaales aus der Mitte des 13. Jahrhunderts Lisenen, die hier aber schon in halber Höhe des Mauerwerkes ansetzen und unter der Traufe wohl mit einem Rundbogenfries schlossen. Bemerkenswert ist, daß auf beiden Seiten die Lisenen nicht in gleichbleibenden Abständen erscheinen, sondern – enger gestellt – jeweils die Fenster einrahmen. Die heutige Ostapsis ersetzte 1895 die ursprüngliche, deren Gestalt uns in einer verläßlichen Bauzeichnung erhalten blieb. Nach dieser stiegen vom Granitsockel schmale Lisenen auf, die unter der Traufe in Bögen unterschiedlicher Größe liefen. Trotz der bescheidenen Ausmaße eine Fassadengestaltung von zurückhaltender Würde und klassischer Schönheit.

Von gleicher Grundrißkonzeption und ähnlich gebildeter Wandgliederung sodann die Kirchen von Westerholt und Blersum. In Westerholt, wo die Lisenen schon weit auseinandergezogen sind, finden wir wie in Roggenstede Sockel und Portalgewände noch aus dem als dauerhaft und „wertvoller" geltenden Granitstein. Die Fenstergewände erhielten als zusätzliche Bauzier in ihrem senkrechten Rücksprung dünne, aus einzelnen Formsteinen zusammengesetzte Rundstäbe.

Die formschöne, dabei – wie wir schon sahen – handwerklich ohne großen Aufwand gebildete Aufteilung in jeweils drei Lisenenfelder wurde bereitwillig bei einer Vielzahl der frühen Backsteinkirchen wiederholt. Wir finden sie unter anderem in Horsten, in Bagband und Holtrop. Überall auch axial in den Feldern die durch Rundstäbe aufgelockerten Fenster, wie sie uns noch unberührt von späteren Veränderungen vor allem in Horsten begegnen. Dort auch das Rundbogenportal auf der Nordseite durch Wulsteinlagen bereichert. Der üppige Kreuzbogenfries von Victorbur und Hage freilich ist inzwischen aufgegeben. Statt dessen erscheint – dort wo die Mauerkrone noch unversehrt erhalten blieb – in Horsten, Westerholt und Holtrop als oberer Abschluß der Lisenenfelder ein sogenannter Konsolfries. Auch eine der ganz wenigen, noch in ihrem ursprünglichen Bauzustand bewahrte Apsis mit ihrem Sockel, den zierlichen Lisenen und dem Sägeschnitt als oberem Abschluß tritt uns in der schönen Kirche von Horsten entgegen. Bedauerlich hier nur ihr nachträglich aufgesetztes Mauerwerk, von den Bauleuten offensichtlich zum konstruktiv erforderlichen Dachanschluß an das Giebeldreieck für unabwendbar gehalten.

*Einladend: der Weg in die Kirche von Victorbur. Hier am westlichen Ende des Kirchenschiffs hat früher ein Turm gestanden.*

Frühe
# Gotik

## Auf der Suche nach dem neuen Stil

*Mächtig erhebt sich der Turm von St. Stefanus in Pilsum über Dorf und Marsch. Ganz gerade steht er nicht mehr, aber nach Jahren der Sanierung darf dieses Baukunstwerk aus dem 13. Jahrhundert als gerettet gelten.*

Die Versuche, historische Bauwerke nach ihren spezifischen Merkmalen in stilistische Kategorien einzuordnen, stößt auf mancherlei Hemmnisse. Dies gilt besonders für kleinere Kirchen von geringerer Bedeutung, da diese in der Regel die großen Vorbilder nachzuahmen bestrebt waren, ohne aber zugleich auch das ganzheitliche System eines durchgebildeten Baustiles zu erfassen. Die Kunstgeschichtsforschung hat daher für die sonst nur mit Mühe greifbare Zwischenstufe im Übergang von der Romanik zur Gotik die Bezeichnung „Frühgotik“ oder eben „Übergangsstil“ gefunden.

Als Ausgangsbau dieser Jahrzehnte nach der Jahrhundertmitte tritt gleich eine Kirche von wahrhaft monumentaler Erscheinung auf: St. Marien von Marienhafe. Unter deutlicher Anlehnung an den Dom zu Osnabrück und in ihren Abmessungen kaum hinter diesem zurückstehend, verkörperte sie im ursprünglichen Bauzustand den Höhepunkt spätromanischer Baukunst in Ostfriesland. Ihren beklagenswerten Niedergang im Jahre 1829 hat ein Chronist im Bilde festgehalten. Die Lithographie von 1829 stellt eine über den geduckten Katen am Markt hoch aufragende Basilika mit Westturm, Querschiff und Chor dar. Die Fassaden sind lebhaft durch Fenster, Blenden und Gesimse gegliedert.

Eine Vielzahl aufgefundener Sandsteinfiguren und Bruchstücke, in der Rekonstruktion sorgfältig aneinandergefügt, ergab einen um den ganzen Bau unter der Traufe herumgeführten Bilderfries mit der Darstellung von Tieren sowie Szenen aus Tierfabeln und aus dem Ritterleben.

Die Giebel schmückten früher mehr als 40 überlebensgroße Sandsteinfiguren mit westfälischen Stileinflüssen, deren einige aber auch ohne Kenntnis der französischen Kathedralplastik (Amiens) nicht denkbar sind. Von der einstigen Pracht zeugen heute nur die Arkadengliederung im Raum und der um zwei Stockwerke reduzierte, aber mit seiner reichen frühgotischen Fassadengliederung immer noch imposante Westturm.

Etwas später, nach der Jahrhundertmitte, entstand im benachbarten Engerhafe, einer weiteren der großen Brookmerländer Kirchen, ein einschiffiger Apsissaal von rund 60 Meter Länge und über 10 Meter Traufhöhe. Die Kirche verlor durch Einsturz den größten Teil ihrer Gewölbe, die halbrunde Ostapsis sowie das westliche und das östliche der ursprünglichen fünf Joche.

Am Äußeren lassen sich mühelos zwei Bauetappen ablesen: Das heutige Ostjoch wird kurz nach der Jahrhundertmitte, die westlichen, in der oberen Zone durch hohe Fenster und Blendnischen mit Spitzbogen sowie durch Oculi reich gegliederten Joche um 1260/70 entstanden sein. Im vermauerten Südportal finden wir gleichsam im Zeitraffer die klassischen Stilelemente des Übergangsstils vereinigt, Rundbogenöffnung, Spitzbogenblende und dazwischen den Kleeblattbogen. Wenn die Gewölbe in Marienhafe auch nicht mehr stehen, so hat doch Engerhafe wenigstens über dem Ostjoch noch das ursprüngliche kuppelartige Domikalgewölbe mit seinen vier Zierrippen und dem Schlußring im Scheitel bewahrt.

Dieser auf westfälische Einflüsse zurückgehende Raumabschluß – er ersetzte von etwa 1240/50 an die alte Holzbalkendecke – gab dem Inneren ein neuartiges, rhythmisch gegliedertes Gepräge.

Ähnlich gestaltete Gewölbe standen früher auch in dem aufwendigen kreuzförmigen Ostbau von Bunde, diesem bedeutenden Bauwerk des Übergangsstils aus der Zeit um 1260/70. Dort ist der hoch aufragende Chorbau in zwei Zonen gegliedert: Unten durchlaufende Blendbögen auf Rundstäben und Oculi sowie darüber Spitzbogenfenster und Blenden mit Ziegelmuster und dem für diese Zeit unentbehrlichen Kleeblattbogen. Mauerspuren in den Winkeln zwischen Chor und Kreuzarmen lassen darauf schließen, daß hier ursprünglich Chorflankentürme standen, wie sie an manchen bedeutenden Kirchen der Romanik (Speyer) zur Aufnahme von Treppen Verwendung fanden.

Als besonders markanter Kirchenbau der Küstenregion erhebt sich auf hoher Wurt die Backsteinkirche von St. Stefanus in Pilsum, ebenfalls ausgestattet mit den typischen Merkmalen aus der Zeit des Übergangsstils. An das in zwei Zonen gegliederte, nur um weniges ältere Schiff setzten sich in der zweiten Hälfte des 13. Jahrhunderts die Ostteile mit dem lebhaft gegliederten Vierungsturm. Die formschöne, rheinischen Vorbildern folgende Apsis mit ihren rundbogigen Blendarkaden und den eingelegten Rundstäben ist in zwei Zonen gegliedert und schließt unter ihrem halbkegelartigen Steindach mit Rundbogenfries und Hohlkehle ab. Im Ostgiebel ein sogenannter steigender Rundbogenfries, die übrigen zwei Giebel in aufwendiger Gestaltung durch aufgelegte Rautenmuster geschmückt.

Schon in nächster Nachbarschaft – in Eilsum – stoßen wir wieder auf eine Kirche, die in manchem vom üblichen Schema abweicht. Dort schließt nämlich an die vier noch unversehrt erhalten gebliebenen, mit dekorativer Malerei geschmückten Gewölbejoche ein Ostchorturm an, dessen Untergeschoß die halbrunde Apsis mit ihrer monumentalen Ausmalung aus dem 13. Jahrhundert auf-

*Ein schmuckes Kirchhofstor, der Ansatz eines Querschiffs sowie ein reich gegliederter Wandaufbau im Innern (siehe Skizze) zeichnen die Kirche von Reepsholt aus, die in der ersten Hälfte des 14. Jahrhunderts gebaut wurde.*

nimmt. Bemerkenswert ist auch die obere Zone der zweiteiligen Fassadengliederung, wo die Scheitel der Blenden zur Mitte des Schiffes hin ansteigen.

In den Ausgang dieses erstaunlich fruchtbaren 13. Jahrhunderts fällt auch die Errichtung der einzigen konsequent über einem gleichschenkligen griechischen Kreuz aufgeführten Kreuz-Kirche von Stapelmoor. Die Fassaden sind bereits in vereinfachter Art lediglich von wandhohen Ecklisenen eingefaßt, die oben in einen Konsolfries, an den Giebeln in diagonal geführte Abtreppungen laufen. Das Chorquadrat schließt glatt und ist durch eine Dreifenstergruppe belebt, während an den Querarmen früher Apsidiolen saßen.

Im Raum dominieren achtteilige Gewölbe, deren Rippen in Schlußringe laufen. Fischgrätenmuster, außerordentlich lebhaft gestaltete pflanzlich-ornamentale Dekorationsmalerei und groteske Fabelwesen verleihen den hohen Gewölben eine gewisse elegante Leichtigkeit. Weitere figürliche Malereien aus dem späten 13. Jahrhundert an den Wänden sind teilweise noch von Putz überdeckt. Südlich dieser eindrucksvollen Kirche ist das zweigeschossige Pfarrhaus mit der Jahreszahl 1429 in seinem steilen, durch Spitzbogenblenden aufgelokkerten Vordergiebel erhalten geblieben.

In Reepsholt sind die baulichen Anlagen des 983 gegründeten Chorherrenstiftes längst vergangen, nahezu unversehrt blieb aber der stattliche Bau der Pfarrkirche St. Mauritius erhalten. Umgeben von einem Kranz hoher Ahornbäume, erhebt er sich in einer imposanten Baugruppe aus Schiff, kreuzförmigem Ostabschluß und angesetztem Turmstumpf im Westen. Sowohl der Grundriß als auch der Aufbau weichen in vielerlei Hinsicht von dem Schema der mittelalterlichen Kirchen Ostfrieslands ab. Das Schiff wurde ursprünglich aus drei etwa quadratischen Gewölbejochen gebildet, mit je drei Fensterachsen und Eingängen an den Langseiten. Im Osten schließen sich ungewöhnlich kurze Querschiffsarme an und daran ein polygonaler Chor, der mit sieben Seiten eines Zehnecks gebildet wird.

Die untere Hälfte der Fassaden besteht aus einem robusten und ungegliederten Granitmauerwerk, die obere Zone aber aus Backsteinen. Die ebenfalls schlicht belassene Backsteinmauer wird von drei schlanken, auf der Werksteinzone aufsetzenden Spitzbogenfenstern mit Abtreppungen durchbrochen. Unter der Traufe, etwa in 13 Meter Höhe, verläuft ein aus Backsteinen gebildeter

*Dem ehemals quadratischen Kirchturm von Reepsholt war nur eine kurze Daseinsdauer beschieden: Schon 1474, bald nach seinem Bau, wurde er zerstört. Aber als Ruine existiert er fort und ist heute das Wahrzeichen des mehr als 1000 Jahre alten Reepsholt.*

*Die schlichten Pfarrkirchen auf dem Lande mußten im Mittelalter ohne das kostbare Glas in ihren Fenstern auskommen; entsprechend schmal wurden sie gehalten. Auch fehlten damals generell Gestühl und Kanzel, die als nachreformatorische Zutaten anzusehen sind. Mit einigem Aufwand aber wurden, wie in Upleward (unten), die Grabplatten gestaltet. Vornehme Leute ließen sich in der Kirche bestatten.*

und auf einigen Strecken zerstörter Spitzbogenfries mit darüberliegender Stromschicht. Die Wandflächen im Innern wurden zweizonig in besonders aufwendiger Gestaltung mit Spitzbogenblenden in Dreiergruppen gegliedert. Die Architektur des alten Chorherrenstiftes ist uns nicht mehr bekannt. Auch dieses wird seiner hohen Bestimmung gemäß von besonders würdiger Erscheinung gewesen sein – und sicher auch auf die benachbarte Pfarrkirche eingewirkt haben.

Im weiteren Verlauf der baugeschichtlichen Entwicklung wurden zunächst die Grundrisse wieder einfacher gestaltet und die halbrunden Apsiden gänzlich aufgegeben. Es ließ sich nun ein gängiger Bautyp finden, der sich besonders im ländlichen Raum bewährte: das Saalschiff mit geradem Chorschluß und abgesetztem Glockenturm. Die beiden Langseiten konnten ohne großen Aufwand durch Lisenen, Blendnischen und Traufgesims aufgelockert werden, und auch Ost- und Westgiebel erhielten reichen Fassadenschmuck. Kirchen dieses Bautyps finden wir, auf die üblichen Wurten gesetzt, unter anderem in Grimersum, Groß-Midlum, Campen, Freepsum, in Visquard, Loquard, Upleward und Uphusen.

Die genannten Orte waren im 14./15. Jahrhundert auch Sitz örtlicher Häuptlingsfamilien, auf welche Stiftungen aller Art im Innern, Grabsteine und Epitaphien, hier und da aber auch bauliche Ergänzungen der Kirchen selbst hinweisen.

Die wie alle Pfarreien im östlichen Teil Ostfrieslands dem Bistum Münster unterstellte Kirche von Grimersum zeichnet sich zunächst durch mauerhohe Lisenen an den Grenzen ihrer Gewölbejoche aus. Zwischen diesen, also jeweils in der Achse der Gewölbe, liegen die Fenster und an den Langseiten die Portale. Beide, Portale wie Fenster, wurden noch mit Rundbögen geschlossen, wogegen die drei Fenster der Ostseite wie auch die seitlichen Nischen schon mit – gotischen – Spitzbögen gebildet sind, ein typischer Befund aus der Stilepoche der Frühgotik.

Nahezu unversehrt hat die gotische Dorfkirche in Campen die Jahrhunderte überdauert. Ihre Langseiten erhielten durch hohe Spitzbogennischen und die drei Fenster von gleicher Erscheinung (nachträglich verändert) eine elegante Gliederung von konsequenter Geschlossenheit. Von seltenem künstlerischem Reichtum ist auch das Innere der Backsteinkirche mit den drei noch vollständig erhalten gebliebenen, hoch in den Dachraum aufsteigenden Domikalgewölben. Schwere Zugbalken in halber Höhe der Schildbögen zeugen von der statischen Gefährdung auch dieser Gewölbe.

Der Formenreichtum frühgotischer Baukunst dokumentiert sich auch an den Kirchen von Loquard und Groß-Midlum. Dort erscheint – bis auf den erneuerten westlichen Bereich – wieder die uns schon bekannte Lisenengliederung im oberen Drittel der Fassaden. Die schon ohne Wulsteinlagen gebildeten Fensteröffnungen auf der Nordseite wurden zur größeren Lichtausbeute über den unteren Ansatz der Lisenenfelder hinaus um fünf Steinschichten nach unten verlängert. Der Bauabschnitt im Westen mit dem schönen spätgotischen Portal ist eine Zutat des 15. Jahrhunderts. Die Hauptschauseite von Groß-Midlum – die Südwand – enthält zwar keine Lisenen, dafür aber jeweils neben den – im 15. Jahrhundert erheblich vergrößerten – Spitzbogenfenstern begleitende Blendnischen. Erstaunlicherweise ist diese Kirche aus der Zeit um 1300 noch mit einer halbrunden Ostapsis gebildet.

Mit deutlichen stilistischen Parallelen zu Grimersum wurde die Kirche in Uphusen errichtet. Auf der – wie üblich noch dem ursprünglichen Bauzustand entsprechenden – Nordseite fallen sowohl die kräftigen Lisenen als auch ein seltener risalitartiger Vorsprung mit dem spitzbogigen Portal ins Auge. In den Fensterlaibungen werden nun endgültig die alten Wulsteinlagen aufgegeben,

Die Kreuzkirche von Bunde (oben) aus der Zeit von 1220/40 ist noch heute von einer Friedhofsmauer umgeben (die allerdings aus dem 19. Jahrhundert stammt). Auch der Kirchturm ist ersichtlich neueren Datums. Wie aus einem Guß präsentiert sich dagegen die Kirche von Stapelmoor (links), die um 1300 gebaut wurde.

dafür begnügt man sich mit einfachen Halbstein-Rücksprüngen. Der hoch über die strohgedeckten Hütten des Dorfes aufragende Ostgiebel freilich entfaltet seinen ganzen Reichtum an gängigen Schmuckelementen der Zeit. Über die – heute zugemauerte – Dreifenstergruppe sind hier unbekümmert säuberlich weiß verputzte Nischen mit Rundbögen gesetzt, deren obere als weiteren Zierat schmale Doppelnischen und schließlich auch einen dreigeteilten Abschluß erhielten.

Die wandernden Ziegler und Baumeister fanden auch im ausgehenden 13. und im 14. Jahrhundert weitere Betätigung. So blieb es nicht aus, daß überall der gleiche Grundriß, aber auch mit örtlichen Abweichungen die gleichen Fassadenelemente Verwendung fanden. Das kleine Kirchlein von Upleward beispielsweise zeigt mit seinen auf zierliche Konsolen gesetzten an- und absteigenden Bögen in den Giebeldreiecken deutliche Parallelen zu Uphusen. Sie

Wem die Stunde schlägt: die Kirchenuhr von Visquard.

Marienhafe, die „curia St. Mariae“, eine der bedeutendsten Kirchen in Ostfriesland, erhob sich ursprünglich über einem klassischen Grundriß der deutschen Spätromanik: Westturm, basilikales Schiff, Querschiff und drei

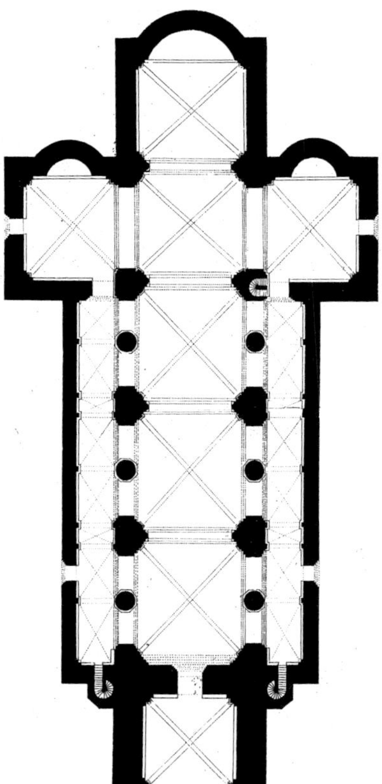

Ostapsiden waren seine Bestandteile. Vieles davon mußte 1829, als der Kirche infolge mangelnder Pflege und Wartung der Einsturz drohte, abgerissen werden. Von Anfang an ungewöhnlich war, im Grundriß ersichtlich, die geringe Breite der Seitenschiffe.

bilden den Abschluß tiefer, von Ziermauerwerk gefüllter Nischen, welche in spannungsreichem Kontrast zu den drei überschlanken Chorfenstern von zurückhaltender Eleganz stehen. Im benachbarten Visquard, wo das östliche Joch durch paarweise zusammengefaßte Fenster hervorgehoben wurde, erhielten sogar die Treppengiebel des Glockenturmes durch spitzbogig geschlossene und ebenfalls mit Ziermauerwerk gefüllte Nischen ein anmutiges Aussehen. Am Ostgiebel der Kirche selbst finden wir eine an Zeit und Ewigkeit mahnende Uhr, die wie in Groothusen und Freepsum in eine wappengeschmückte Renaissance-Architektur gesetzt ist.

Der ostfriesische Apsissaal – Schiff und halbrunder Altarraum also – fand seine größte Verbreitung im Jeverland, von wo aus er im frühen 13. Jahrhundert vor allem auf das benachbarte Harlingerland übergriff. Erstaunlich aber, daß dieser souverän herrschende Bautypus dort von einigen – jüngeren – frühgotischen Kirchen mit geradem Chorschluß abgelöst wurde: Funnix, Werdum und Dornum. Diese Abweichung ist schnell geklärt: Der gewaltige Einbruch der Harlebucht im 10./12. Jahrhundert ließ sich durch Verlandung bzw. Eindeichung erst später wieder beseitigen. Diesem Hemmnis entsprechend verzögerte sich dann auch der Kirchenbau im Küstenbereich der Bucht um viele Jahrzehnte. In Funnix zunächst erhielten die Langseiten lediglich Ecklisenen, dafür finden wir die (ursprünglich drei) Fenster auf der Nordseite ebenso wie die Ostfenster mit Spitzbögen und doppeltem Rücksprung ihrer Laibungen gebildet. An der Nordfassade läßt sich bei genauerer Betrachtung der Überrest eines Konsolfrieses erkennen, durch das gestörte Mauerwerk und durch das Fehlen des westlichen Fensters aber auch eine Veränderung des Kirchenschiffes im Westen insgesamt. Dies folgt auch aus der Architektur des Westgiebels, wo – ganz anders als in Uphusen und in Grimersum etwa – Lisenen und besonders die steigenden Bogenfriese bereits flach und recht schematisch erscheinen. Das Westportal schließlich in seiner rechteckigen Rahmung schon nicht mehr mit Spitzbogen, sondern bereits durch den flachen Korbbogen geschlossen. Alles deutliche Stilmerkmale des 15. Jahrhunderts.

Außer der im 19. Jahrhundert ganz erheblich veränderten Kirche von Eggelingen – um 1300 noch bildete das Dorf sogar eine Insel im flachen Wattenmeer – verzögerte sich auch in Werdum der Kirchenbau aus den oben schon näher bezeichneten Umständen. Eine durch Zufall erhalten gebliebene Notiz hat uns auch das Baudatum überliefert. Nach dieser errichtete die Gemeinde im Jahre 1327, als sich das Wasser dort schon weiter zurückgezogen hatte, vorsichtshalber auf einer hohen Wurt ihre Kirche, eben schon einen schlichten Rechteckraum in den Stilformen der Frühgotik. Die geradezu winzigen Spitzbogenfenster von rund 2,40 Meter Höhe mußten 1869 den gegenwärtigen großen lichtspendenden Öffnungen weichen. Unter der Traufe blieb der ursprünglich weiß unterlegte Winkelfries mit aufgelegter Rollschicht erhalten. Der örtlich ansässige Häuptling ließ 1476 den schönen spätgotischen Chorbau anfügen, und 1763 schließlich setzte sich der stattliche Turm an die schon baufällig gewordene Westmauer. An diesem nun aus drei zu verschiedenen Zeitpunkten entstandenen Bau verdient ein kleines Fenster auf der Südseite dicht neben dem Chor unsere Aufmerksamkeit. Sein originaler Spitzbogen wie auch der senkrechte Rücksprung der Laibung weisen dieses – heute zu einer ovalen Lichtöffnung eingeschränkte – Fensterlein als zum ursprünglichen Bauzustand gehörig aus. Es handelt sich hier um ein sogenanntes Hagioskop, welches – hinreichend niedrig sitzend – exkommunizierten und von ansteckenden Krankheiten befallenen Gemeindegliedern wenigstens von außen und vor allem akustisch eine Teilnahme am Gottesdienst erlaubte.

An der Westgrenze des Harlingerlandes schließlich, in Dornum, erhebt sich auf der wie überall künstlich aufgeschütteten Wurt eine weitere frühgotische Einraumkirche aus dem späten 13. Jahrhundert, St. Bartholomäus nämlich. Während ihre Langseiten verhältnismäßig bescheiden gestaltet sind – die Westmauer wurde gänzlich erneuert –, entfaltet wieder die Chorseite im Osten ihre ganze Pracht. Die drei spitzbogig geschlossenen Fenster mit ihren Rundstäben sind in weiß verputzte Blenden gesetzt, deren Schluß jeweils aus Dreipaßbögen gebildet wurde, so auch an den beiden seitlichen Nischen mit ihrem Ziermauerwerk. Dieses fischgrätenartige Muster kehrt in den fünf ungleich großen Blendnischen des Giebeldreiecks wieder, dessen diagonale Mauerabschlüsse offensichtlich nachträglich verändert worden sind. Ein zwar nicht übermäßig großer, aber in seinen typischen Backsteinelementen formschön gestalteter Bau, als „Herrlichkeitskirche“ von den einheimischen Häuptlingsfamilien durch aufwendige Einbauten im Innern weiter verschönt.

*Es gibt Dinge, die werden durch Verkleinerung bombastischer, als sie es vorher waren. So geschehen 1829 beim Turm von St. Marien in Marienhafe. In früheren Zeiten war er sechs Stockwerke hoch, galt als schlank und wohlgebaut, zwei Treppentürme schmiegten sich an seine Seiten. Der Seeräuber Störtebeker soll von ganz oben nach Beuteschiffen Ausschau gehalten haben. 1829 aber ließen die geldknappen Marienhafer ihre Kirche gesundschrumpfen, was den Turm zwei seiner Stockwerke kostete und ihn nun recht klotzig wirken läßt.*

*Hoch- und Spätgotik*

# Die Entdeckung der Eleganz

Die hohe Zeit des ostfriesischen Kirchenbaues im 13. Jahrhundert wich bald einer Zeit der Stagnation von der zweiten Hälfte des 14. Jahrhunderts an: Das gewaltige Bauprogramm war offensichtlich bewältigt. In zahlreichen Dörfern und Flecken erhob sich nun hoch über den Strohdächern der Holzhütten als dominierender Steinbau die Kirche. Erst wieder im 15. Jahrhundert, zu der Zeit der Spätgotik, begann sich, in bescheidenem Maße freilich, noch einmal neues Leben zu regen. Nun aber nach deutlich abgewandelten Forderungen und Vorzeichen. Die übermäßig dicken Mauern der frühen Kirchen – 1,40 bis 1,70 Meter waren keine Seltenheit –, aber auch die gewaltigen Druckkräfte der Gewölbe beanspruchten den aufgeschütteten Baugrund stärker, als dieser aufzunehmen vermochte. Mauereinbrüche, Gewölbeverfall und andere Zerstörungen waren die unausweichliche Folge, so daß schleunigst durch Erneuerung ganzer Bauteile und auch durch Anbauten aller Art das Ärgste zu verhindern war.

Wo dies aber nicht gelang, blieb als letzter Ausweg nur noch der Neubau. Die Bewohner der Dörfer und Flecken mögen also nicht wenig

*Nicht weniger kunstvoll als an den großen Kirchen der Spätgotik hat auch in Ostfriesland der Steinmetz sein beschwingtes Maßwerk gefertigt. Spieltrieb, Lust an der Gestaltung und ein souveräner Umgang mit dem Material (echter Werkstein) ließen Fenster wie die in Larrelt (oben) und Petkum entstehen.*

gestaunt haben, als nun vor ihren Augen die dicken Mauern der altersschwachen Kirche von eleganten Fassaden mit ihren großen Fenstern und den schlanken Strebepfeilern verdrängt wurden – in der für die Hoch- und Spätgotik typischen Bauweise. Von Bedeutung für das Bauprogramm des 15. Jahrhunderts waren ferner liturgische Forderungen der zu größerer Macht gelangten Geistlichkeit etwa auf Ausweitung des Chorraumes wie auch – vor allem in den Städten – der Drang von Handwerksgilden und anderen Stiftern, einen angemessenen Raum zur Aufstellung ihrer Nebenaltäre zu finden.

Schließlich trat eine weitere, bislang unbekannte Bauherrschaft auf. Die im späten Mittelalter erstarkten Häuptlinge – allen voran der nachmalige Graf Ulrich Cirksena – mochten, nachdem das Ländchen 1464 dem Heiligen Römischen Reich einverleibt war, hinter anderen vornehmen Familien nicht ganz zurückstehen: Sie setzten an die alten Kirchen zur Ehre Gottes und zur Stärkung ihres Selbstgefühls Chorbauten, zugleich als Grablege für sich und ihre Familien.

Auch dort, wo Kirchenbauten im Auftrage und in der Verantwortung der örtlichen Pfarrgemeinde als ihr Grundeigentum entstanden, wird der ortsansässige Häuptling sicher kräftig mitgeholfen haben. Dies könnte etwa für Twixlum gelten, wo dicht neben der um 1900 abgebrochenen Burg eine kleine, aber in ihren spätgotischen Stilformen gefällige Kirche erstand. Sie trat um 1470/1500 an die Stelle einer älteren, deren Glockenturm aber bestehen blieb. An das Schiff aus fünf quergerichteten Jochen wurde ein polygonaler Chor angefügt, der wie das Schiff zur Aufnahme der Gewölbekräfte abgetreppte Strebepfeiler erhielt. Reiches Maßwerk aus Sandstein schmückt die nun endgültig schon wandhohen Spitzbogenfenster, während das Südportal in eine nahezu bis zur Traufe reichende und mit einem schönen Kielbogen schließende Blende gesetzt ist.

*In ihrer Blütezeit war die Gotik eine Epoche des Einfallsreichtums und der Neuerungen. Mauerhohe Öffnungen mit großen, hellen Fenstern machten aus den vordem drückend schweren Fassaden der Kirchenbauten aufwärtsstrebende Leichtgewichte. Die Kirche in Hinte gibt auf eindrucksvolle Weise davon Zeugnis. Ein Wappenlöwe der nahegelegenen Burg scheint ein immerwährend waches Auge auf die Kirche geworfen zu haben.*

Dem Baumeister unseres Kirchleins in Twixlum standen möglicherweise gleich zwei Vorbilder zu Gebote: die stattliche, gewölbte Kirche von Hinte sowie der ganz ähnlich gebildete Bau zu Larrelt. Auch dort mußte unter Beibehaltung des Turmes (um 1300) eine ältere, baufällig gewordene Kirche bis zu ihren Fundamenten abgetragen und neu wieder errichtet werden, wobei aus Gründen der Sparsamkeit das Abbruchmaterial – der Tuffstein – eine zweite Verwendung fand. Auch in Larrelt nun schon die spätgotische Formensprache: Strebepfeiler, große Spitzbogenfenster mit reich gegliedertem Maßwerk und im Innern der Kirche – heute noch über den drei östlichen Jochen sowie im polygonalen Chor sichtbar – zierliche Netzgewölbe. Gänzlich aufgegeben sind nun auch die frühgotischen Fensterlaibungen mit ihren Abtreppungen und eingelegtem Rundstab zugunsten der nur muldenförmig konkav gebildeten, sonst aber ungegliederten Gewände.

Nirgends sonst in Ostfriesland ist das enge Verhältnis von Kirche und weltlicher Macht im späten Mittelalter so augenfällig sichtbar wie in Hinte. In einer eindrucksvollen Baugruppe dort also die hohe aufsteigende Architektur der spätgotischen Propsteikirche St. Martin und südlich unmittelbar anschließend die Wasserburg. Ein derart bedeutender Ort, wel-

# Hoch- und Spätgotik

*Zerstörte Pracht: was in vielen Bauabschnitten über Jahrzehnte entstand und Jahrhunderte bestand, wurde in einer einzigen Bombennacht gegen Ende des 2. Weltkriegs zerstört. Immerhin, inmitten der Ruinen der einst gewaltigen Großen Kirche zu Emden blieb das Renaissancegrabmal des ostfriesischen Grafen Enno II. erhalten.*

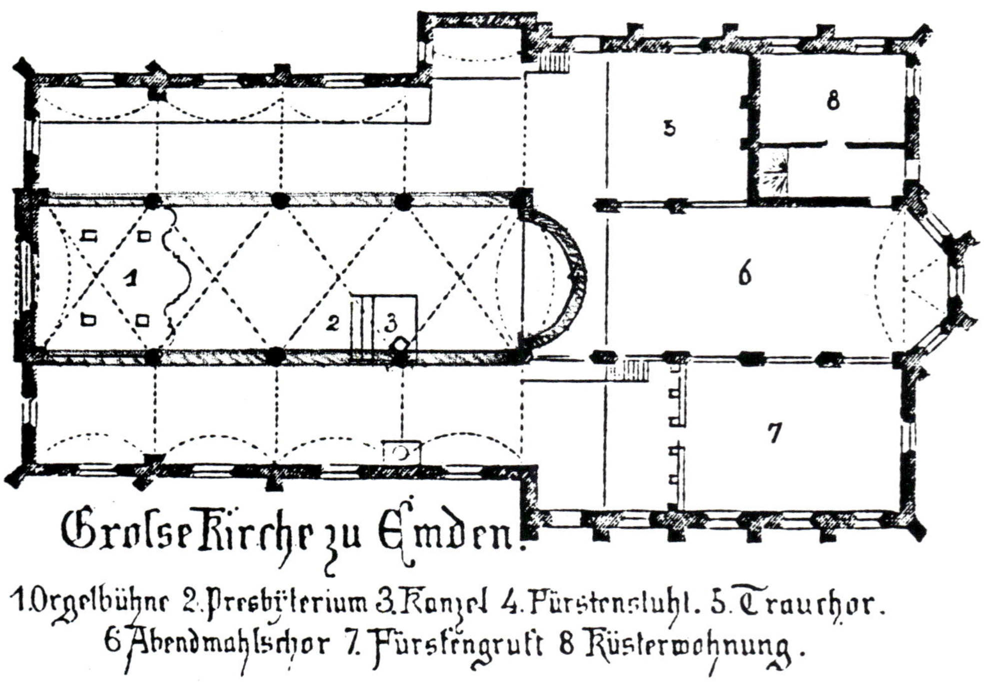

cher wohl schon gegen Ende des 13. Jahrhunderts ein festes Steinhaus der örtlichen Häuptlinge besaß und Sitz eines Propstes war, wird auch damals nicht ohne Kirche ausgekommen sein. Auf einen Vorgängerbau verweist jedenfalls der isoliert im Süden stehende Glockenturm aus der Zeit um 1300. Ebenso wie in Twixlum und Larrelt nehmen auch in Hinte kräftige – teilweise in vereinfachter Form – erneuerte Strebepfeiler die Kräfte aus den Stern- bzw. Netzgewölben des recht hohen Schiffes auf, während die Mauern entsprechend dem spätgotischen Konstruktionsprinzip von großen Fenstern durchbrochen „entmaterialisiert" werden konnten. Sie erhielten nur im Osten die uns schon von Larrelt her bekannte muldenförmige Konkavlaibung, wogegen nach Westen hin vereinfachte Schrägen angeordnet sind. Wie im Mittelalter allgemein üblich, so vollzog sich also auch in Hinte der Bau vom Chor beginnend nach Westen hin. Auf der Südseite der Kirche erscheint eine heute vermauerte spitzbogige Arkade, die vermutlich das Schiff früher zu einer kleinen Kapelle (der Burgherren?) öffnete.

Schon in bescheidenem Gewande dann die Kirchen von Manslagt und Greetsiel aus dem frühen 15. Jahrhundert. An beiden vermissen wir die Strebepfeiler, beide sind also ohne Gewölbe erbaut worden. Und so verteilen sich dann auch Fenster und Blendnischen einigermaßen willkürlich über die schlichten Fassaden. Die Kirche in Manslagt mit ihren – heute vermauerten – Eingängen in den Langseiten erhielt wenigstens im Ostgiebel als zusätzlichen Schmuck Blendnischen. Ähnliche erscheinen auch, paarweise geordnet, auf der Südseite der 1401 geweihten Kirche von Greetsiel, teilweise aber von einem später angesetzten kleinen Vorbau überschnitten. Den Blenden dort gab man schlichte Rücksprünge, wogegen die großen Spitzbogenfenster lediglich schräge Laibungen erhielten.

Eine bescheidene Profilierung der Gewände finden wir lediglich am

*Selbst in ihrem derzeitigen Zustand läßt die Große Kirche (eigentlich: Cosmas- und Damianskirche) noch eine Ahnung von ihrer einstigen Bedeutung als Hauptkirche einer selbstbewußten Stadt aufkommen. Über den gerippehaften Backsteinpfeilern erhebt sich der neu aufgeführte Turm, der in Gestaltung und Material der Gesamtanlage angepaßt wurde.*

# Hoch- und Spätgotik

*Mit sehr unterschiedlichem Erfolg wurden auch bei kleineren Dorfkirchen die Gestaltungsformen der Spätgotik – Maßwerkfenster, Strebepfeiler – verwirklicht. Während Twixlum (rechts) wie eine Miniaturausgabe großer gotischer Kathedralen wirkt, hielten sich Gestaltungsfreude und -möglichkeiten in Manslagt in Grenzen.*

Westportal der Kirche, welches – heute vermauert und verputzt – mit einem waagerechten Türsturz schließt und von einer Spitzbogenblende bekrönt ist. Die Kirche, nahe der ehemals vorhandenen Burg als dem Hauptsitz der Cirksena, stand auch unter dem Patronat der Häuptlingsfamilie. Auf diese Verbindung verweist heute noch eine Sandsteintafel am Westgiebel der Kirche mit dem ostfriesischen und dem schwedischen Wappen. (1559 vermählte sich Graf Edzard II. mit der schwedischen Prinzessin Katharina.)

Als imponierender Ausklang dreihundertjähriger ostfriesischer Sakralbaukunst entstand in den Jahren 1445 bis 1455 der gewaltige Chorbau des Häuptlings Ulrich Cirksena in Norden. Schon während dieser ungewöhnlich kurzen Bauzeit mögen in dem ebenso weltgewandten wie klugen Mann die Pläne zum Erwerb der Grafenherrschaft über ganz Ostfriesland herangereift sein. Denn am 1. Oktober 1464 erhob ihn Kaiser Friedrich III. in den Grafenstand und ließ ihn mit der Grafschaft Ostfriesland belehnen: Das Land war fortan also Teil des Heiligen Römischen Reiches Deutscher Nation, der stolze Ulrichschor in Norden aber augenfälliges Vorbild für andere Chorbauten im Lande.

Der Häuptling hatte zwar kräftig mitfinanziert, die Kirche aber blieb wie überall im Eigentum ihrer Gemeinde und blickte auch auf eine 250jährige Geschichte zurück. An den Apsissaal aus der Zeit um 1200 wurde zunächst im 14. Jahrhundert ein gewölbtes Querschiff gesetzt und sodann in eindrucksvoller Höhenstaffelung der Chorbau.

Insgesamt fast 33 Meter lang und 26 Meter breit, entfaltet er seine imposante Wirkung vor allem durch den Kranz seiner zweimal abgetreppten Strebepfeiler und durch die Höhensteigerung vom Umgang zum Mittelschiff mit dem vom zierlichen Dachreiter gekrönten Schieferdach. Schon ein flüchtiger Blick auf seine äußere Erscheinung läßt das typische Konstruktions- und Gestaltungselement der Spätgotik erkennen. Über der raumhohen Sockelzone erscheint zwischen den Strebepfeilern das Band der breiten Spitzbogenfenster mit schlicht belassenen Schräglaibungen und ebenfalls bescheidenen, aus Backsteinen aufgemauerten Sprossen und den sich überkreuzenden Lanzettbögen. Ganz knapp über dem Ansatz des Pultdaches für den Chorumgang setzen mit der gleichen Gliederung die Obergadenfenster an, während das sonst ungegliederte, gewaltige Schieferdach des Mittelschiffes an der Traufe kleine Dachfenster erhielt.

Beim Blick auf die Schmalseite des Chores fällt sogleich ins Auge, daß einer der dreizehn Strebepfeiler in die Mittelachse gesetzt ist. Der Tuffstein, welcher mit seiner gelblichgrauen Farbe vor allem seit der Renovierung der letzten Jahre am Chorbau vorherrscht und der sich wohltuend vom Ziegelrot des Querschiffs wie vom dunklen Graublau der Schieferdächer absetzt, ist uns schon an anderen Kirchen begegnet. Im Innern ruhen die queroblongen Rippengewölbe nicht mehr auf den sehnenartig durch Fasen und Hohlkehlen zerlegten Vorlagen wie im Querschiff, sondern vielmehr auf dreizehn Rundpfeilern von rund 1,50 Meter Durchmesser. In sechs Meter Höhe steigen über schmalen Kämpfern ungegliederte halbrunde Dienste auf, die über schlicht gehaltenen Kapitellen von rechteckigen Gurtbögen mit abgefasten Kanten abgelöst werden. Die über diesen Kapitellen ansetzenden Gewölberippen mit birnstabförmigem Querschnitt laufen diagonal auf die runden Schlußsteine in zirka 21 Meter Höhe. Aus den Kämpfern der Pfeiler treten auch die reichlich grob gebildeten Gurtbögen und Gewölberippen des Chorumgangs. Wenn in ihren Architekturdetails auch verflacht-zurückhaltend, so präsentieren sich doch Hochchor und Umgang als straffe, in den Proportionen durchaus klassisch zu nennende Bauteile in der Formensprache der Spätgotik.

Auch in Petkum ragt, sicherlich nach dem Norder Vorbild, ein spätgotischer Chor hoch über das alte Langschiff hinaus. Und auch in Petkum hatten die Häuptlinge ihre Hand im Spiel. Die hochangesehene Emder Familie der Abdena faßte bereits im frühen 14. Jahrhundert in Petkum Fuß, und gegen 1470 verlieh der Häuptling Gerd mit der Errichtung

*Aus hohen Baumgruppen ragt, von weither sichtbar, der Turm der Kirche von Werdum empor. Er wurde erst 1763 an die gotische Kirche angesetzt.*

# Hoch- und Spätgotik

*Auch die Kirche von Werdum entstand nicht in einem Zuge. An das Kirchenschiff von 1327 ließ Häuptling Hicko Boyixsen 1476 einen gotischen Chor mit Gewölbe und Strebepfeilern ansetzen. Der hohe Westturm folgte (siehe vorige Seite) erst 300 Jahre später.*

des schönen polygonalen Chorbaues seinem Herrschaftsstatus auch sichtbaren Ausdruck. Dieser setzt sich an das 1750 gründlich umgestaltete Schiff – vgl. Maueranker am Westgiebel – mit seinen hohen Spitzbogenfenstern und dem Eingang auf der Nordseite. Sieben kräftige, zweimal abgetreppte Strebepfeiler lassen auf das steinerne Chorgewölbe im Innern schließen. In den Zwischenräumen finden hohe, vom umlaufenden Gesims aufsteigende Spitzbogenfenster ihren von der Konstruktion zugewiesenen natürlichen Platz. Die Architektur des wohlproportionierten Chorbaues erhält einen besonderen Akzent durch die handwerksgerechte Verwendung eines gelbgrauen Baumberger Sandsteins. Dieser Werkstein ist für das umlaufende sogenannte Kaffgesims, für die schräg liegenden Deckplatten der Strebepfeiler und besonders augenfällig zur Herstellung des zierlichen Maßwerks der Fenster verwendet worden. Der Baumeister des Chores wußte den Sandstein recht geschickt auch im Raum einzusetzen. Dort steigen die Gewölberippen von reich profilierten Konsolen aus eben diesem Werkstein auf, während auch die recht komplizierten Kreuzstücke der aufeinander zulaufenden Backsteinrippen aus Sandstein gehauen sind. Bauschema und Baudetails bezeugen die Hand eines versierten und wohl auch außerhalb des Landes ansässigen Baumeisters.

Aus einer heute bis zur Unkenntlichkeit verwitterten Sandsteintafel im Strebepfeiler des Chorbaues von Werdum ließ sich noch im Jahre 1725 entnehmen, daß 1476 ein Häuptling Hicko Boyixsen den Bau dieses Chores veranlaßt habe. Es war also der aus Gödens stammende Junker gleichen Namens, welcher nach dem Tode des letzten männlichen Erben aus dem angesehenen Adelshause Werdum dessen Ehefrau ehelichte und die Backsteinkirche durch Anfügen eines stattlichen polygonal schließenden Chores verschönte. An das mit 1327 ebenfalls verläßlich datierte und mit glattem Chorschluß gebildete Schiff lehnt sich nun der aus fünf Seiten eines Zehnecks gebildete Chor, dessen First allerdings das Kirchendach nicht überragt. Von den sechs wie üblich weit hervortretenden Strebepfeilern hat lediglich der zweite auf der Nordseite seine ursprüngliche Erscheinung unversehrt bewahrt. Dort springt sein Mauerwerk, von Sandsteinplatten abgedeckt, gleich viermal zurück, während sich wie in Petkum je ein Sockel- und Kaffgesims um die Strebepfeiler verkröpft. Um ein lästiges Überblenden des schönen Rokoko-Altars im Inneren zu vermeiden, ließ man kurzerhand nach seiner Aufstellung die drei mittleren Fenster durch Mauerwerk zusetzen. Die Mauer schließt unter der Traufe ein Fries aus diagonal aufgesetzten Backsteinen ab. Im Raum ruhen die fünf stark gebusten Kappen auf schlanken Gewölberippen mit birnenförmigem Querschnitt.

An einem alten Priel bei dem heutigen Dorf Nesse entstand schon in der Frühzeit der ostfriesischen Geschichte, im 8. Jahrhundert, eine langgestreckte Straßensiedlung mit giebelständigen Stabhäusern. Die Mittelachse bildete die auf dem flachen Höhenrücken verlaufende Hauptstraße mit eingeschossigen Häusern und ihren senkrecht abzweigenden alten Querstraßen, den Lohnen. Während der östliche Ausgang der Siedlung von einer Burg besetzt war, erhob sich an ihrem Westende die Tuffkirche aus der Zeit um 1200. Ebenso wie in Werdum setzte die Gemeinde im Jahre 1493, als auch die Schiffsmauern um rund 90 Zentimeter erhöht werden mußten, im Osten einen polygonalen Chor aus Backsteinen an. Ihm fehlt freilich die Größe und auch die Eleganz des Werdumer Chorbaues, zumal die Strebepfeiler ebenfalls nachträglich verändert wurden. Auffallend in Nesse aber die Gesamtlänge dieses Anbaues, dem neben einem queroblongen Chorjoch ein weiteres zum Schiff hin angefügt ist und der zu diesem durch einen gewölbten Lettner abgesetzt wurde. Wie in Petkum steigen die Gewölberippen des fünfteiligen Chorhauptes von reich gegliederten Konsolen auf, hier in Nesse allerdings aus gebrannten Formsteinen gebildet. In der raumseitigen Oberfläche der Chormauer ließen sich beim Hochmauern breite, mit Segmentbögen abgeschlossene Nischen als Priestersitze oder Öffnungen zum Abstellen liturgischer Gerätschaften aussparen.

Doch nicht alle Chorbauten aus der zweiten Hälfte des 15. Jahrhunderts ließen sich in den straffen und eleganten Architekturformen der Spätgotik verwirklichen. Dies zeigen die – wie üblich nachträglich angefügten – Chöre in Weener (1462), Holtland, in Leerhafe, Loga und Filsum. Ihre geringere Höhe und der damit verbundene reduzierte Gewölbedruck erlaubten auch das Aufführen von Strebepfeilern geringerer Breite. In Weener erwies sich der mit drei Seiten eines Sechsecks gebildete Chor schon im 18. Jahrhundert als derart baufällig, daß seine Südseite nur durch einen 1765 vorgesetzten, kräftigen Strebepfeiler gesichert werden konnte. Das Gewölbe freilich ließ sich nicht mehr halten, auf dieses verweisen heute lediglich seine im Raum noch belassenen Konsolen. Auch in Holtland, wo der Chor gleich mit fünf Polygonseiten schließt, ist der Verlust des Gewölbes zu beklagen. Fast alle Chöre büßten schließlich auch erheblich von ihrer ursprünglichen transparenten Lichtführung dadurch ein, daß man ihnen durch das Zumauern der Fenster ein wesentliches Gestaltungselement nahm.

Wenn die alte romanische Tuffkirche St. Magnus von Esens schon 1854 von dem heutigen klassizistischen Bau verdrängt wurde, so haben wir doch Kenntnis von ihrer bewegten jüngeren Baugeschichte. Ihr zufolge erhielt auch diese dreischiffige Kirche in der zweiten Hälfte des 15. Jahrhunderts einen stattlichen spätgotischen Chorbau von 18,5 Meter Länge und 12,5 Meter Breite. Auch er überragte den First des Langschiffes und erhielt auf seinem Spitzdach einen schönen Dachreiter. Das Chorhaupt schloß lediglich mit drei Polygonseiten und war mit den üblichen Strebepfeilern besetzt. Doch schon wenige Jahrzehnte nach seiner Errichtung geriet zusammen mit der Kirche selbst der Chor in Gefahr, zerstört zu werden, als nämlich die Stadt Esens zur Vergeltung von Kaperfahrten des Junkers Balthasar von bremischen Truppen belagert und beschossen wurde. Das Schiffsgewölbe stürzte ein, und auch die Mauern des Chores erlitten schwerste Schäden, die sich in der Folgezeit nur durch das Ansetzen zweier kräftiger Strebebögen an der Südseite in Grenzen halten ließen. Doch zu Beginn des 19. Jahrhunderts waren die Zerstörungen an der Kirche derart fortgeschritten, daß auch eine Grundinstandsetzung nicht mehr in Betracht kam und daher endgültig in den Jahren 1848 bis 1853 der Neubau erfolgte.

Eine ähnliche Entwicklung schließlich nahm im Mittelalter die „Große Kirche" in Emden. Zunächst erhielt der Apsissaal des 13. Jahrhunderts je ein Seitenschiff, an welches im Osten Graf Ulrich Cirksena, der auch schon in Norden tätig war, wie dort 1454 einen eingezogenen polygonalen Chorbau anfügen ließ. Wenige Jahrzehnte später folgte dann südlich an diesen Chor anschließend die sogenannte Fürstengruft, in der 1548 das schöne Renaissance-Grabmal für Enno II. entstand, sowie auch auf der Nordseite ein Anbau, der unter anderem die Küsterwohnung aufnahm. Nun hatte die große, voll eingewölbte Kirche mit den stattlichen Giebeln ihrer Seitenschiffe, den Zierformen aus Sandstein und den kräftigen Strebepfeilern eine Gesamtlänge von rund 61 Meter bei einer Breite von etwas über 30 Meter. Dieser gewaltige und nach seinen Erweiterungen nun völlig in spätgotischer Gestalt aufragende Bau – 1861 erhielt er einen abseits gestellten Turm – versank am 6. September 1944 im Bombenhagel feindlicher Flugzeuge und steht heute mit seinen leeren Backsteinmauern als Ruine zwischen den wiedererstandenen Häusern der Altstadt.

## *Neuzeit*

# Vom diskreten Charme der Zierelemente

. . . und auf einmal durfte geschnörkelt und gezuckert werden: die St. Magnuskirche in Esens (oben und großes Foto) ist ein Beispiel für die neue Vielfalt im Kirchenbau in der Zeit nach 1500. Vorher hatte in Ostfriesland – von wenigen Basiliken und Kreuzkirchen abgesehen – der schlichte Einraum vorgeherrscht, jetzt entstanden Gotteshäuser wie dieses – mit Westturm, breit ausladendem Schiff, zwei Querschiffsarmen und halbrunder Ostapsis.

Der Thesenanschlag Martin Luthers am Vorabend des Allerheiligenfestes 1517 löste eine jahrzehntelange, teilweise heftig geführte theologische Diskussion aus, deren Wellen bis in das ferne Ostfriesland schlugen. Erst nach und nach begannen dann auch hier Geistliche besonders in den Städten ihre Predigten an dieser neuen Lehre zu orientieren. Wenn in der Folgezeit aufgrund der neuen Glaubensinhalte auch große Bestände der Ausstattung verlorengingen, so konnten doch die Kirchen selbst für den Gottesdienst weiter genutzt werden. Die wenigen Neubauten wurden nur dort erforderlich, wo neue – vor allem reformierte – Gemeinden entstanden oder wo der mittelalterliche Bau vollends abgängig war.

Den bedeutendsten protestantischen Kirchenbau finden wir in Emden, wo im Jahre 1642 der stark angewachsenen Bevölkerung folgend, Magistrat und Konsistorium einen Neubau in Nord-Faldern beschlossen. Es wurde damals vorgesehen, Planung und Bauleitung in die Hand eines einheimischen Architekten, des Ratsbaumeisters Martin Faber nämlich, zu legen. Der gebürtige Emder hatte sich nicht mit einer Ausbildung im eigenen Land begnügt; Studienreisen führten ihn nach Holland, nach Frankreich und auch nach Italien, wo er besonders in Rom als Baumeister und Maler wirkte.

In der Grundrißkonzeption für den Neubau folgte der Architekt dem Vorbild der 1620 in Amsterdam entstandenen Noorderkerk, einer zeitgemäßen Predigtkirche auf der Grundlage eines griechischen Kreuzes. Er verzichtete allerdings auf den südlichen der vier gleich langen Kreuzarme, so daß sich in Emden als Grundkonzeption zunächst eine T-Form ergab. Nachdem auch noch die Zwickel zwischen den Kreuzarmen durch diagonal gestellte Außenmauern geschlossen wurden, entstand ein im frühen protestantischen Kirchenbau origineller Predigtraum mit zentralistischer Tendenz. Das Äußere unserer Kirche spiegelt in ein-

drucksvoller Weise den Innenraum wider. Die drei gleich gestalteten Arme erhielten auch den gleichen Aufbau: das links und rechts über die Dachfläche höher gezogene Giebelquadrat mit je zwei großen Rundbogenfenstern und darüber der Giebel selbst mit einem Kreisfenster sowie abschließendem zierlichen Tympanon. Über dem Kreuzungspunkt der drei Dachfirste als krönender Abschluß dann ein zierlicher sechseckiger Dachreiter mit Galerie und Laterne. Von eindrucksvoller Originalität schließlich auch die Schmuckelemente, die in ihrer Gesamtheit noch auf die Formensprache der Renaissance verweisen. Werksteinbänder beleben die Backsteinflächen und begleiten die Rundbögen der Fenster, konsequent eingerahmt erscheinen auch die Rundfenster mit ihrem kreisförmigen Maßwerk sowie die hohen Bogennischen in den vier Giebeln.

Im 17. Jahrhundert entstanden außer der Emder Kirche auch dörfliche Sakralbauten mit deutlich erkennbaren, wenn auch recht bescheidenen barocken Zierelementen. Abgesehen von der 1636 errichteten, 1827 aber wieder abgebrochenen reformierten Kirche in Kirchborgum sind die reformierten Kirchen von Marienchor (1668) und Bargebur (1684) sowie die 1695 errichtete lutherische Kirche in Neustadtgödens besonders zu erwähnen. Die Gemeinde von St. Georgiwold beklagt sich 1681 in einem Gesuch an den

*Im Jahre 1684 erbauten die reformierten Christen von Norden und Lütetsburg nicht ohne Mühe und Widerstand in Bargebur ihre kleine Kirche, deren Vorhaus ein anmutig geschwungener Giebel ziert.*

*Die straffen Bauformen des Klassizismus prägen die Kirche von Grotegaste (rechts). Sie wurde 1819 gebaut. Der landesübliche Backstein wurde bei der reformierten Kirche von Woltzeten (Mitte, Baujahr 1727) überputzt. Kurz nach 1900 versahen die Architekten des Kaiserreichs ihre Kirchenprojekte gern mit einer Andeutung von Wucht und Pathos – so auch in Marcardsmoor (links).*

Landesherrn, die Fürstin Christine Charlotte, über den desolaten Zustand ihrer Kirche, worauf dann laut Inschrift von 1689 der Neubau erstellt werden konnte. Bezeichnenderweise setzte man damals – offensichtlich unter Anlehnung an den ostfriesischen Apsissaal – an die Ostseite eine polygonal gebrochene Apsis, dazu aber im Westen einen Turm. Dieser hält dieselbe Firsthöhe wie das Schiff und nimmt an seiner Westseite den Zugang zur Kirche auf. Auch das Backsteinkirchlein in Marienchor wird, wie schon der Name bezeugt, an die Stelle eines Vorgängers getreten sein, und zwar nach Aussage der Zahlenanker im Jahre 1668. Je fünf zwei Stein breite Lisenen begleiten die hohen Rundbogenfenster des Schiffes. Eine Ostapsis fehlt, dafür ist im Westen der ebenfalls mit Lisenen und einem Traufgesims geschmückte Turm angesetzt.

Bemerkenswert in ihrer Gesamterscheinung wie auch mit ihrer Baugeschichte schließlich die Lütetsburger Patronatskirche im Norder Ortsteil Bargebur. Seit 1559 und bis zum späten 17. Jahrhundert beherbergten die Herren von Lütetsburg die reformierten Gläubigen der Stadt Norden in ihrer Schloßkapelle. Als dann im Jahre 1680 (Jahreszahl über dem Westportal) die Umfassungsmauern des Neubaus fertiggestellt waren, erstürmten die lutherisch gesinnten, erbosten Norder die Baustelle und rissen die Mauern wieder ein. Erst vier Jahre später, 1684 also, konnte der Bau, freilich nur unter dem militärischen Schutz der Greetsieler „Salve Garde", fertiggestellt werden. Und zwar als Rechteckraum in Nord-Süd-Richtung mit je vier Rundbogenfenstern auf den Langseiten, einem zweiflügeligen Portal auf der Westseite sowie Walmdach und Dachreiter. Der Vorbau an der südlichen Schmalseite mit seinem anmutig geschwungenen Barockgiebel entstand später. Das Innere dieses liebevoll durch die Lütetsburger Patronatsherren gepflegten Kirchleins ist von dem mit korinthischen Pilastern reich geschmückten Gestühl der genannten Familie geprägt.

Viele der aus dem Mittelalter stammenden Kirchen waren nach Ablauf einiger Jahrhunderte in ihrer baulichen Substanz derart geschwächt, daß bei dem damaligen Stand der Technik, aber auch angesichts fehlender Geldmittel nur ein

Neubau in Betracht kam. Dazu bestand in küstennahen Gebieten früher immer noch die Gefahr von Deichbrüchen, die zur Aufgabe von baulichen Anlagen zwangen. Nachdem etwa im Jahre 1699 die im Dollart gelegene Kirche von Geerdswehr ausgedeicht werden mußte, konnte aus dem Erlös ihrer Tuffsteine ein Neubau in Wybelsum errichtet werden. Der schlichte Rechteckraum erhielt im Norden keinerlei Fenster, dafür aber auf seiner Westseite einen Glockenturm („Glockenkammer") von gleicher Breite und Höhe wie das Schiff. Der Westturm in Böhmerwold dagegen erhebt sich mit seinem Zeltdach über den First der Kirche von 1703, deren Abschluß im Osten polygonal und mit Strebepfeilern besetzt ausgebildet ist. Das einzige Schmuckelement dieses schlichten Backsteinkirchleins finden wir über dem puttengeschmückten Portal im Turm, wo eine reich verzierte Inschrifttafel uns das Baujahr von 1703 mitteilt.

Die Dorfkirchen aus dieser Bauperiode gehörten zum überwiegenden Teil den reformierten Gemeinden und traten, wie schon ausgeführt, an die Stelle älterer Anlagen.

So berichtet auch die Gemeinde in Bedekaspel 1717 über erhebliche Bauschäden an ihrer alten Kirche, offenbar durch Überflutungen des „Großen Meeres" verursacht. Man entschloß sich daher im Jahre 1728,

die abgängigen Mauerteile niederzulegen und neu wieder aufzumauern. Der heutige Bau erhebt sich über rechteckigem Grundriß und einem – wohl aus dem 13. Jahrhundert stammenden – Westturm. Auch die 1727 errichtete und gänzlich verputzte Kirche von Woltzeten ersetzte 1727 einen älteren, 1725 abgerissenen Bau. Das gleiche gilt für die 1751 erbaute Kirche in Cirkwehrum, zu deren Finanzierung die kleine überforderte Gemeinde um die Genehmigung von Kollekten vor allem bei den Glaubensbrüdern in den Niederlanden ersuchte.

Nachdem schon im Jahre 1696 in Neustadtgödens eine lutherische Kirche erbaut werden konnte (wo auch bereits Juden und Mennoniten Gottesdienste abhalten durften), erwuchs bei der damals noch nach Dykhausen eingepfarrten reformierten Gemeinde der Wunsch, ebenfalls ein eigenes Gotteshaus zu besitzen. Es entstand dann 1715, tatkräftig gefördert durch den Grafen Philipp von Fridag, als anmutiger Nord-Süd-gerichteter Einraum mit lebhaft gegliederter Schauseite, die das Hauptportal mit dem Wappen der Fridags enthält. Bei der Finanzierung des Kirchleins von Landschaftspolder ergaben sich ebenfalls unerwartete

*Zu den Kirchen der Neuzeit gehören angesetzte Westtürme. Georgiwold (ganz links), Marienchor (Mitte) und Böhmerwold (rechts unten) sind dazu drei Beispiele aus dem Rheiderland. Die Westpforte in Böhmerwold wurde in eine schwere Barockrahmung gesetzt.*

# Neuzeit

*Ein niederländisches Barockgewand kleidet die „Mennonitenkirche“ in Norden, die allerdings schon lange nicht mehr geistlichen Verrichtungen dient. Auch der kurzlebige Jugendstil kam beim Kirchenbau in Ostfriesland zur Geltung: für Borssum (unten) zeichnete seinerzeit ein Berliner Architekt namens Otto March verantwortlich.*

Hemmnisse. Das 1761 aufgesetzte Genehmigungsgesuch an das Konsistorium gelangte erst nach geraumer Zeit an die Kriegs- und Domänenkammer, bei der sich dann auch noch – mit gutem Erfolg – der damalige Regierungspräsident von Derschau verwenden mußte. Aber erst im Jahre 1765 erging – durch eine Spezial-Order aus Berlin – die Genehmigung zum Neubau.

Die Gemeinden in den ostfriesischen Städten und den größeren Flecken begnügten sich verständlicherweise nicht mit bescheidenen Rechteck-Einräumen von der oben geschilderten Art, wie uns dies die St.-Nicolai-Kirche in Wittmund bezeugt. Ganz ohne Zweifel wird dort bereits im 8./9. Jahrhundert eine Sendkirche errichtet worden sein – ein wohl recht bescheidener Bau in der in Nordeuropa heimischen Stabbauweise. Er wird im Verlaufe des 12./13. Jahrhunderts von einem massiven Bau ersetzt worden sein, welcher aber während der sogenannten Bremer Fehde um 1540 ein Opfer der Flammen wurde. Als dann auch die im Folgejahr errichtete baufällig gewordene Kirche selbst durch eine umfassende Renovierung nicht mehr zu retten war, ließ sich – 1775/76 – ein gänzlicher Neubau nicht mehr vermeiden. Der Westturm des breitgelagerten Saalschiffes mit seiner schmucken Barockhaube erhielt eine zierliche Laterne, das Schiff zur Aufnahme des reich gegliederten Nordportals einen traufhohen Vorbau. Im Innern schließt eine Muldendecke in Holzkonstruktion den hellen Raum mit seinen beiden längsgerichteten Emporen. – Nicht ihre Größe, sondern die unverändert erhalten gebliebene Harmonie von Architektur und Ausstattung zeichnet die 1776 nach ausdrücklicher Genehmigung durch den preußischen König Friedrich II. errichtete Backsteinkirche in Carolinensiel aus. Die Außenmauern von Schiff und abgesetztem Turm erhielten auch mit Hilfe bescheidener, dem Backstein gemäßer Formelemente eine gefällige Gestaltung. Das Innere vermittelt eindrucksvoll die typische Erscheinung eines spätbarocken dörflichen Kirchenraums – mit Kanzelaltar, Kniebänken, dem zurückhaltend verzierten Kastengestühl, der Orgel und der Deckengestaltung.

Von den insgesamt rund 20 ostfriesischen Kirchen aus dem 18. Jahrhundert ist der in den Jahren 1785 bis 1787 errichtete Zentralbau der reformierten Kirche in Leer wohl die bedeutendste. Sie erhebt sich über den vier gleich langen Armen des griechischen Kreuzes und trägt einen dreigeschossigen, achteckigen und gestalterisch überzeugenden Glockenturm. In die Winkel zwischen den Kreuzarmen sind vier Nebenräume aus Kreissektoren gesetzt. Große Rundbogenfenster erhellen den Raum, dessen Zentralität von der umlaufenden Empore wirkungsvoll gesteigert wird. Bogenstellungen auf Pfeilern vermitteln den Zugang zu den Nebenräumen in den vier Zwickeln. Beachtenswert die schöne Renaissancekanzel von 1609 und die von A. A. Hinz aus Groningen

1766 erbaute Orgel, die noch Teile der Orgel des benachbarten Klosters Thedinga enthält.

Am südlichen Rand des riesigen Marktplatzes der Stadt Norden schließlich fällt eine breit gelagerte, symmetrisch abgestufte Bauanlage von einheitlicher Gestaltung ins Auge: die ehemalige Mennonitenkirche. Ihr Mittelbau entstand bereits im Jahre 1662 als Patrizierhaus, die beiden in ihrer Höhe abgesetzten Seitenflügel aber erst 1796 und 1835. Wenn auch zwischen diesen Baudaten ein Zeitraum von mehr als 170 Jahren liegt, so finden wir an allen drei Baukörpern zu unserer Überraschung die gleiche Fassadengliederung in den Formen des bereits vereinfachten niederländischen Barock vor. Breite Kolossalpilaster mit ionischen Kapitellen über einem weiß abgesetzten Sockel gliedern den zweigeschossigen Mittelbau, dessen Eingangsportal über eine doppelläufige Freitreppe erreicht wird. Die gleiche Gliederung, wie schon gesagt, an den beiden Flügelbauten, wo lediglich der hohe Sockel entfällt.

Die Aufgabe der barocken Bauformen zugunsten klassizistischer Stilelemente an den bescheidenen Dorfkirchen vollzog sich angesichts der wenigen Schmuckelemente im Backsteinbau kaum wahrnehmbar. Und wieder waren es die städtischen Gemeinden, die hier mit größeren Bauten Maßstäbe setzten. In dem alten Residenzstädtchen Aurich vernichtete 1811 ein Brand in der Westervorstadt die Hauptwache, in deren Obergeschoß der reformierten Gemeinde 1744 durch Friedrich II. ein Raum für ihre Gottesdienste zugewiesen war. Es galt also nun, einen eigenen Kirchenbau zu verwirklichen.

Nachdem zunächst in der Schulstraße ein geeignetes Grundstück bereitstand und der bekannte Auricher Architekt C. B. Meyer die Entwurfspläne erstellt hatte, mußte die kleine Auricher Gemeinde die nicht unerheblichen Geldmittel beschaffen. Da Eigenmittel und Spenden allein den Bedarf nicht deckten, wandte man sich auch an den Landesherrn, und zwar über den örtlichen Präfekten – Ostfriesland war dem französischen Kaiserreich einverleibt – an Napoleon Bonaparte. Dieser ließ der Gemeinde auch die Summe von 15 000 Francs zuweisen mit der Auflage, sie möge einen „der Stadt zur Zierde gereichenden Tempel" erbauen.

C. B. Meyer, mehr Humanist als Architekt, mag diese Weisung allzu wörtlich genommen haben. In der bescheidenen Schulstraße blickt uns nämlich unvermittelt aus der Reihe

*Dorische Säulen an einem Auricher Kirchenportal: Von welcher Warte man den Eingang zur Lambertikirche in Aurich auch betrachtet, dem Architekten C. B. Meyer ist in den dreißiger Jahren des 19. Jahrhunderts ein großer klassizistischer Wurf gelungen. In jenen Tagen mußten allsonntäglich auch die Soldaten zum Gottesdienst antreten.*

bürgerlicher Backsteinbauten eine tempelartige Fassade an: der wuchtige Portikus aus vier monumentalen toskanischen Säulen mit Architrav, Triglyphen und abschließendem, plastisch besonders betontem Tympanon. Betritt nun der neugierig gewordene Besucher, einen dunklen Vorraum durchschreitend, das Innere, so findet er sich in einem souverän von der dominierenden Kuppel geprägten, streng zentral ausgerichteten Raum wieder. Auf acht kannelierten korinthischen Säulen ruht die von ebenfalls acht Rippen gegliederte Kuppel, deren Scheitel ein rundes Oberlicht krönt. Im wesentlichen erhält das Innere sein Licht von acht im oberen Bereich der Mauern angeordneten Fenstern mit breitem Profilband aus Holz. In axialer Bindung erscheint oberhalb des Eingangs auf einer halbrund gestalteten Empore die klassizistische Orgel, ihr gegenüber, wohltuend von zwei Säulen gerahmt, die Kanzel über dem schlichten Abendmahlstisch auf zweistufigem Podium. Von vornehmer klassizistischer Zurückhaltung ist – nach Beseitigung einer früheren bunten Übermalung – auch die farbliche Gestaltung des Raumes in gebrochenem Weiß, Grau und Gold, 1963 in Anlehnung an die ursprüngliche Farbgebung festgelegt.

Die in den Jahren 1832 bis 1835 als Ersatz für einen mittelalterlichen Bau errichtete lutherische Kirche, nach den Plänen des gleichen Architekten gestaltet, bleibt freilich in ihrer eher nüchternen Erscheinung hinter unserem Zentralbau zurück. Der hohe rechteckige Kubus ließ nur mit Hilfe von breiten Ecklisenen, waagerecht geführten Bändern und den zweigeteilten Fenstern eine architektonisch befriedigende Gliederung zu. Das Hauptportal auf seiner Südseite hob der Architekt durch zwei dorische Säulen mit aufliegendem Gebälk, Triglyphen und einem Giebeldreieck besonders hervor. Ein lebhaft gegliedertes, kräftig hervortretendes Gesims leitet zum flachgeneigten Walmdach über. Gebälk und Brüstung der Empore im Innern, die umlaufende Leiste unter den Halbkreisfenstern sowie die über einem vorgesetzten Gesims ansetzende Muldendecke mit ihrem rechteckigen Spiegel im Scheitel verliehen dem hoch aufragenden Raum einen wohltuenden, die Horizontale betonenden Gesamteindruck.

Klassizismus und die Wiederaufnahme gotischer Stilelemente sind in Ostfriesland – zumindest in einer Phase des Übergangs – zeitlich voneinander kaum zu scheiden. Abgesehen von ausdrücklichen Wünschen der Bauherren nach stilistischen Details („Spitzbogenfenster" für Timmel schon 1736, dieselben 1751 für Cirkwehrum oder 1727 für Woltzeten), hielt die Neugotik ihren Einzug in Ostfriesland mit Esens 1848 oder Loppersum 1866. Die zweite Hälfte des 19. Jahrhunderts erwies sich in einer schwärmerisch-verklärten Erwartungshaltung eben aufgeschlossen sowohl für das Erbe der Antike – Klassizismus – als auch für den „deutschen" Baustil – die Neugotik. Die geistige Grundlage zu dieser national bestimmten Welle mag bereits Goethe geschaffen haben, als er in seiner Abhandlung „Von deutscher Baukunst" 1772 in Unkenntnis der kunsttheoretischen Zusammenhänge die These vertrat, die Gotik sei deutschen Ursprungs. Diese gotischen Stilprinzipien aber konkret in sakrale und profane Bauten umzusetzen, war dann mit das Werk von Schinkel, welcher, 1810 zum Leiter der preußischen Hochbauverwaltung in Berlin berufen, einer staatlichen Lenkungsbehörde vorstand, die in der Folgezeit das Baugeschehen im Reich ganz erheblich bestimmte.

Gleich der erste größere ostfriesische Sakralbau um die Jahrhundertmitte, die Magnuskirche in Esens, bezeugt, daß ein geschickter Entwurfsarchitekt – in diesem Falle der hannoversche Konsistoralbaumeister Hellner – ohne Härten verschiedene Stilrichtungen unter einem Dach zu vereinigen vermochte. Zu dieser eigenwilligen, großartigen Lösung trug gewiß auch der ausdrückliche

*Über den Dächern der Bürgerhäuser von Leer erhebt sich in mehreren Geschossen und gekrönt von einer offenen „Laterne“ ein schlanker Glockenturm. Er gehört zur reformierten Kirche, die um 1785 erbaut wurde. Die Kirche von Hesel (links) ist nur wenig jünger und zeigt doch ein ganz anderes Gesicht.*

Wunsch der Gemeinde nach einem Bau „im byzantinischen(!) Stil“ maßgeblich bei. Die kubisch-geraffte Gruppierung seiner Massen mit Querschiff, Ostapsis und Westturm, ebenso wie die Rundbogenfenster und die waagerechten Bänder verweisen noch auf klassizistische Bautraditionen.

Den Raum dagegen beherrscht souverän eine fein abgestimmte und mit ihren schlanken Stützen kühne Architektur einer lichten gotischen Hallenkirche. Wir zögern nicht, diesem eigenwilligen Bau mit seinen sorgfältig entworfenen Baudetails einen hohen Rang in der ostfriesischen Sakralarchitektur zuzuweisen, auch wenn er sich nicht eindeutig in stilistische Kategorien einordnen läßt.

Er blieb, eine subjektive Schöpfung eben, ohne Nachbildung im Lande. Dafür entstanden in Ostfriesland bis über die Jahrhundertwende hinaus Stadt- und Dorfkirchen in den Bauformen der Neugotik zu Dutzenden – mit spitzbogigen Fenstern, Strebepfeilern, aufwendigen Gesimsformen und vielfach auch lebhaft gegliederten Westtürmen. Diese neuartige, nun auf breiter Basis verwirklichte Bautradition ließ aber nicht darüber hinwegtäuschen, daß ihr der originäre Gehalt fehlte. Die an die Außenmauern gesetzten Strebepfeiler beispielsweise erhielten in den wenigsten Fällen ihre tektonisch bestimmte Stärke; sie hatten auch nirgends Gewölbekräfte wie im Mittelalter aufzunehmen, denn den Raum deckten entweder Brettertonnen oder Muldendecken in Holzkonstruktion, wenn nicht gar ein offener Dachstuhl ausgeführt wurde. Traten also außen die genannten gotischen Elemente auf, so fehlte dieser Eindruck im Innern gänzlich – wo allerdings oft Gestühl, Altar oder Kanzel in neugotische Stilformen gekleidet waren.

Abgesehen von St. Magnus in Esens, deren Architektur sich, wie wir schon sahen, nicht eindeutig zuordnen läßt, erblicken wir in der 1866 erbauten reformierten Kirche von Loppersum das früheste Beispiel eines neugotischen Sakralbaues. Wiederum als Nachfolgebau für eine Kirche des 15. Jahrhunderts 1866 entstanden, wurde sie mit polygonalem Chor und einer Vorhalle im Westen

# Neuzeit

*Um die Jahrhundertwende lösten sich in Ostfriesland eine ganze Reihe lutherischer Gemeinden von ihrer einstigen Muttergemeinde und dokumentierten die neue Eigenständigkeit durch einen Kirchenbau. So entstand auch die mit diversen Querschiffsgiebeln versehene Kirche von Münkeboe.*

konzipiert. Strebepfeiler und spitzbogige Fenster verweisen in der uns schon geläufigen Art auf die Gotik, deren Grenzen aber das Innere mit seiner Flachtonne aus Holzbrettern aufzeigt. Die reformierte Kirche in Holthusen von 1882 erhielt einen Westturm, im Raum einen offenen Dachstuhl und gußeisernes Maßwerk der Fenster. Im Zusammenhang mit der Bauplanung dieser Kirche stellt sich erstmals die zuständige oberste Baubehörde vor, nämlich das Berliner Ministerium für geistliche Unterrichts- und Medizinal-Angelegenheiten – mit direkten Weisungseingriffen zur Architektur des Baues. Eine ähnliche Auseinandersetzung mit der obersten Baubehörde begleitete den Bau der reformierten Kirchen von Wymeer (1886) und Möhlenwarf (1909).

Von den lutherischen Sakralbauten der Neugotik verdient vor allem die Kirche in Münkeboe unser Interesse. Mit dem Pfarrhaus zusammen entworfen vom Hannoveraner Architekten Jacob, fällt sie vor allem in ihrer Grundrißkonzeption aus dem für Dorfkirchen vorgegebenen Rahmen. Sie ist nämlich mit zwei Seitenschiffen ausgestattet, deren Abdeckung aus je drei gesonderten Walmdächern besteht. Das heutige – untypische – Dach des Westturms mit allseitigen Walmflächen entstand erst 1927, nachdem der Blitz die alte Turmspitze zerstört hatte.

Die Kirche enthält im übrigen eine ganze Sammlung von gotischen Bauformen – Spitzbogennischen, Dreifenstergruppen, Strebepfeiler, Kaffgesimse und Maßwerk. Die lutherische Kirche in Ostgroßefehn hingegen wurde als schlichter Rechteck-Einraum mit Westvorbau und Dachreiter recht bescheiden gestaltet. Ihre Langseiten mit den abgestuften Strebepfeilern und den hohen Spitzbogenfenstern erwecken den Eindruck von queroblongen Gewölben im Raum. Dieser jedoch wurde mit der uns schon bekannten Bretterdecke geschlossen.

Auch der überall in Europa gegen Ende des 19. Jahrhunderts entstandene Jugendstil hat seine Spuren in Ostfriesland hinterlassen. In Emden-Borssum entstand als Nachfolgebau einer zuvor abgetragenen gotischen Kirche in den Jahren 1912 bis 1913 die bemerkenswerte Jugendstilkirche des bekannten Berliner Architekten Otto March. Er konzipierte seinen Bau mit Langhaus, eingezogenem Chor und wuchtigem Westbau. Dieser besteht aus einem mit Satteldächern gedeckten „Querschiff", aus dessen Mitte der breite, alles beherrschende Westturm aufragt. Zu seinen beiden Seiten finden wir die Eingänge, deren Öffnungen in hoch hinaufgreifende Nischen mit je einer Dreifenstergruppe gestellt sind. Ihren oberen Abschluß bildet ein in den fließenden Formen des Jugendstils verlaufender Dreipaßbogen, wie er auch über den vier Rundbogenfenstern des obersten Turmgeschosses angelegt wurde. Ebenso eigenwillig wirken die gleichsam eng zusammengedrückten, gegenläufigen Wellenlinien über den beiden Eingängen und – in drei Schichten übereinander – im Giebeldreieck der beiden Querbauten im Westen.

Die Langseiten des Schiffes durchbrechen je drei zweizonige Fenstergruppen, in hohe Nischen mit Segmentbögen gesetzt. Der in seiner Höhe um einiges reduzierte und mit nur recht kleinen Rundbogenfenstern erhellte Chorbau erscheint mit abgeschrägten Ecken. Das Innere dieses in leuchtend rotem Backstein und mit gleichfarbigen Dachpfannen errichteten Baues ist mit lebhaften Farben ausgemalt und mit einem Tonnengewölbe geschlossen.

# Inselkirchen: ein Spiegelbild der Wirtschaftslage

Norderney

Borkum

*Die alten Kirchen auf den ostfriesischen Inseln waren keine Prachtbauten. Die älteste erhaltene Kirche ist die von Spiekeroog (1696), ein bescheidenes Hüttchen, das an frühmittelalterliche Holzkirchen gemahnt. Womöglich noch schlichter ist die frühere Baltrumer Kirche mit dem berühmten Gerüst für die Inselglocke gestaltet; sie wird jetzt vornehmlich als Leichenhalle benutzt. Um die Jahrhundertwende bemühten sich die Insulaner um Kirchen, die wie festländische aussahen, so auf Norderney, Borkum und Wangerooge. Der Tourismus schwoll an, und die ehemals erbärmliche Armut auf den Inseln wandelte sich zu Reichtum. Den Kirchen kam's zugute.*

Spiekeroog

Baltrum

Wangerooge

# „Unten wohnt umsonst ein Armer"

*Ein Glockenhäuschen in geziemender Entfernung zum Gotteshaus – so liegen die Verhältnisse in Leerhafe. Aus vier parallel gestellten Mauern nebst Überdachung besteht der so gar nicht turmgemäß wirkende Glockenstuhl in Steenfelde (rechts).*

Auf der beengten Kirchwurt von Dornum mußte das Glockenhaus dicht an den Kirchbau herangesetzt werden, aber dem alten ostfriesischen Prinzip, den Turm vom Kirchenschiff zu trennen, blieb man treu. Auch der Auricher Lambertiturm (unten) steht für sich und auf Distanz zu seiner Kirche. Er gilt als das Wahrzeichen seiner Stadt.

Wenn der Gebrauch von Kirchenglocken vereinzelt schon für das 9. Jahrhundert bezeugt ist, so ließ sich die große, heute überall erschallende Glocke, deren Form wohl in den Klöstern entwickelt war, generell erst vom 14. Jahrhundert an gießen. So wird sich auch der Bau freistehender Glockentürme nur in Ausnahmefällen noch für das 13., keineswegs aber schon für das 12. Jahrhundert nachweisen lassen.

Vielmehr bezeugen sowohl die vom Kirchenschiff selbst abweichenden Backsteinmaße des Turmes wie auch der zumeist ungeordnete Mauerverband ganz eindeutig, daß in der Regel die Türme später als die jeweiligen Kirchen aufgeführt sind. Ausgeschlossen ist aber nicht, daß hier und da ein kräftiger Glockenstuhl in Holzkonstruktion dem massiven Turm zeitlich vorausgegangen war. Die im Lande grundsätzlich vom Kirchenschiff isolierte Stellung der Türme könnte in dieser Zeitverschiebung ihrer Errichtung mit begründet sein.

Abgesehen von den an das Schiff gesetzten und mit diesem gleichzeitig oder auch später aufgeführten Westtürmen – Marienhafe, Twixlum, sodann Arle, Bagband, Werdum, Remels u.a. – unterscheiden wir in Ostfriesland generell zwei besondere Typen von isoliert gesetzten Türmen:

▷ den zumeist zweigeschossigen Turm über quadratischem Grundriß

*Eine Straße trennt in Norden den Turm von der Ludgerikirche. In Ihrhove (rechts) und Rhaude (unten) führen die Wege mittenmang durch den Glockenturm. Wohin? Auf den Kirchhof und zur Kirche natürlich.*

▷ und den Glockenträger aus zwei bis vier parallel gesetzten Mauern.

Letzterer ist vor allem im Auricher- und auch im Emsigerland weit verbreitet und besteht in der Regel aus vier kräftigen Mauern, welche hier und da in halber Höhe durch eine niedrige Quermauer sowie unter dem Satteldach durch – oft erst nachträglich – aufgemauerte Bögen miteinander verklammert sind; jedoch zehrten sowohl der aufgeschüttete Baugrund mit seiner geringen Tragfähigkeit wie auch die zwischen den Mauern schwingenden Glocken an der Standfestigkeit der Türme: kaum einer hat seine ursprüngliche Bauform bis in die Gegenwart bewahren können.

Wenn der Parallelmauertyp in seiner Anlage auch eher von konstruktiver Zweckmäßigkeit geprägt ist, so bieten sich doch wenigstens die Dreiecksgiebel wie an den Kirchen auch für eine Belebung ihrer Flächen an. Wir finden eine solche Mauer beispielsweise in Strackholt – geschmückt mit spitzbogig geschlossenen Blendnischen auf Konsolsteinen und Lisenen, überdies mit einem Fischgrätenmuster verziert.

Eine ähnliche Aufgliederung der Mauerfläche auch in Steenfelde, wo aber der Zahn der Zeit den Ortgang mitsamt den Spitzbögen zerstört hat. Es liegt auf der Hand, daß diesen Schmuckelementen die Giebel der Kirchen zum Vorbild dienten, wodurch wir im Analogieschluß auch die beiden genannten Türme in die erste Hälfte des 14. Jahrhunderts setzen können. Außer diesen finden wir Türme aus Parallelmauern unter anderem in Engerhafe, Victorbur, Holtrop, Westerende-Kirchloog, sodann in Wiegboldsbur, Barstede, Weene, Holtrop, in Holtland, Filsum, Nortmoor und Detern.

Die Gemeinden in Westeraccum und Blersum schließlich begnügten sich gar mit bescheidenen Türmchen aus nur zwei Parallelmauern. Von größerer Vielfalt aber die geschlossenen Glockentürme, die in zwei verschiedenen Varianten auftreten, nämlich dem Glockenhaus mit einer Eingangstür und dem sogenannten Durchgangsturm. Beiden gemeinsam die Vielgestaltigkeit der Schallöffnungen. Das in der Regel zweigeschossige Glockenhaus, ursprünglich mit einem Satteldach abgedeckt, nimmt im oberen Geschoß die schwere Holzkonstruktion für eine oder auch mehrere Glocken auf. Es öffnet sich zumeist in vier Schallarkaden, die mit Rund-

In Backemoor klebt der stolze Westturm ausnahmsweise direkt am Kirchenschiff. Die Baumeister in gotischer Zeit belebten den Giebel gern durch Blenden. Über dem Dachfirst schwebt der lutherische Schwan. In Ditzum (unten) krönt den schlanken Turm ein luftiger Aufsatz.

Doppelt klingt besser: in Midlum wurden gleich zwei Stockwerke Klangarkaden übereinander gebaut.

bögen schließen. Dort, wo die Mauerkrone infolge Baufälligkeit unter der Traufe abgetragen werden mußte, gab man später den Bögen eine flache Segmentform, wenn die Öffnungen nicht gänzlich ohne oberen Abschluß leer auf die Mauerpfette stoßen.

Einige wenige Türme dieses geschlossenen Typs vor allem im westlichen Landesteil erhielten aber auch eine Vielzahl von dekorativen Klangarkaden sowie aufwendig gegliederte Mauerflächen. In Midlum erscheint der mächtige, gedrungene Turmkörper über seinem geschlossenen Sockelgeschoß gleich in zwei Zonen gegliedert und von zahlreichen rundbogigen Schallöffnungen durchbrochen. Auf der Ostseite sind ihre Laibungen mit zusätzlichen Rücksprüngen versehen. In Hinte und Westerhusen schließlich ließen sich auch die Mauerflächen durch Blendnischen bzw. Fischgrätenmuster lebhaft aufgliedern, während der Turm in Visquard schmucke Treppengiebel in der Art gotischer Burghäuser erhielt.

Ebenso wie das Dach, so stellen auch die beiden Dreiecksgiebel unserer Türme die am meisten gefährdeten Bauteile dar. In vielen Fällen trug man sie ab und gab dem Dach die Gestalt einer Pyramide. Dort aber, wo die Giebel noch stehen, tragen sie oft eine Fassadengliederung ähnlicher Art wie an den Kirchen auch. Dies bezeugt uns in eindrucksvoller Weise der größte Glockenturm des Landes in der Stadt Norden. Hier erhebt sich über den Blendnischen im obersten Geschoß vor allem der Ostgiebel in einer äußerst schmuckfreudigen Architektur mit drei gestaffelten, in Spitzbögen geschlossenen, weiß ausgemalten Nischen.

Der Fried-Hof galt im Mittelalter als umfriedeter, mit verbindlichem Asylrecht ausgestatteter Raum um die Kirche. Er war daher auch mit einer Mauer umgeben, wie sie sich hier und da auch heute noch um ostfriesische Kirchhöfe legt. Bei einigen dieser Friedhöfe erhielt der Glockenturm seinen Standort in eben dieser Friedhofsmauer und zu ebener Erde auch die Friedhofspforte. Das zumeist von einer Tonne abgedeckte Erdgeschoß diente also zugleich als Durchgang zum Friedhof, so daß der Turm nicht nur die Glocken zu tragen hatte, sondern auch die wichtige Funktion eines Torturms erhielt. Wir finden dieses seltene Bauwerk heute noch unter anderem in Rhaude, Ihrhove, Remels und Etzel, wo auch noch die Mauerhaken zur Aufnahme der Türen erhalten blieben.

*In Wiesens korrespondiert der Glockenturm mit dem etwa gleichzeitig entstandenen Chorbau. Die Türme wurden durchweg später als die Kirche gebaut und überdauerten sie im allgemeinen. Auch der Turm von Thunum (ganz unten) ist wesentlich älter als die neugebaute Kirche.*

Nachdem später der befriedete Bezirk um die Kirche seine ursprüngliche Funktion verloren hatte, ließ sich das Erdgeschoß hier und da einer anderen Nutzung zuführen. So erhielten 1699 die Kinder von Ochtersum im Turm ihren Unterricht – nicht ohne Gefährdung von Leib und Leben: Den nahezu fensterlosen(!) Raum deckte damals noch ein schweres Tonnengewölbe, dessen Baufälligkeit befürchten ließ, die Kinder könnten „von dem greulichen und einsinkendem Gewölbe befallen werden".

Notdürftig abgestützt, blieb es aber noch bis zum Jahre 1816 erhalten, als sich freilich schon beim Läuten der Glocken „ein Riß . . . über 3 Zoll" öffnete. Als dann 1826 der enge, knapp 6 x 6 Meter messende Raum für die rund 100 Schulkinder endgültig untragbar wurde, ließ die Gemeinde zur Erleichterung der geplagten Kinder den westlichen Teil des großen Kirchenschiffs für den Schulunterricht herrichten.

In Roggenstede schließlich (weitere Beispiele dieser Art ließen sich anführen) wurden die beiden großen Bogenöffnungen ebenfalls durch Mauerwerk geschlossen und 1706 der Raum notdürftig als Armenstube hergerichtet – „unten wohnt umsonst ein Armer".

## *Die Ludgerikirche*

# Der Dom von Norden

*Hinter leuchtenden Blütenzweigen der Dom von Norden: St. Liudger, Ostfrieslands Prachtkirche, innen wie außen. Der Chor ist ein spätgotisches Musterexemplar, der Glockenturm im Hintergrund überragt ihn nur an Alter. Die Ausstattung der Kirche besticht nicht allein durch eine Reihe großartig gearbeiteter Fenster; sie kommt einer kulturhistorischen Schatzkammer gleich. Vergessen sind heute die langen, arbeitsreichen und von mancher Sorge erfüllten Jahre der Sanierung von 1979 bis 1985, als es galt, das in vielen Teilen morsche Mauerwerk, die Gewölbekappen und Strebepfeiler sowie das gewaltige Schieferdach zu restaurieren.*

# Ludgeri

*In mehreren Jahrhunderten wuchs das vielfältige Innenleben der Ludgerikirche zu einem Gesamtbild von erstaunlicher Harmonie. Die kunstvolle Barockkanzel entstand in der Werkstatt eines Orgelbauers: Redolph Garrelts, eines Schülers von Arp Schnitger, dessen Orgel vielleicht das Kronjuwel im Ensemble der Norder Kirchenschätze ist.*

Seit vielen Generationen schaut aus seiner luftigen Höhe der mächtige Chorbau von St. Liudger auf das emsige Marktgeschehen zu seinen Füßen herab. Gerne wird angesichts dieses mit Abstand größten Bauwerks in Ostfriesland mit seinen hohen Spitzbogenfenstern, dem dominierenden Mittelschiff und den mächtigen Strebepfeilern von „himmelstürmender Gotik" gesprochen. Doch trifft dieses oft gebrauchte bauhistorische Kompliment hier nur die halbe Wahrheit. Denn dieser Bauteil stellt lediglich einen letzten, wenn auch entscheidenden Abschnitt in der langen Baugeschichte unserer Norder Stadtpfarrkirche dar. Sie ist durchaus spezifisch, zugleich aber in ihren aufeinander folgenden Bauphasen für Ostfriesland hinreichend typisch, um gesondert betrachtet zu werden.

Als Baumaterial dienten der mittelrheinische Tuff und der einheimische Backstein, beides Baustoffe also, deren Verwendung nicht weiter als in das 12. Jahrhundert zurückreicht. Die von den Franken tatkräftig geförderte Missionierung der Friesen setzte aber in Ostfriesland bereits im 8. Jahrhundert ein, woraus sich für unsere Kirche die Frage nach einem Vorgängerbau in Holzkonstruktion stellt. Blicken wir dazu einige Jahrhunderte zurück. Es nimmt nicht wunder, daß schon für die jüngere Steinzeit eine Besiedlung des Norder Geestrückens nachzuweisen ist. Sie wurde nämlich entscheidend gefördert durch die Küstennähe, vor allem aber von der Gunst der geographischen Lage, nämlich einer kräftig aufsteigenden Geestinsel, die dem oldenburgisch-ostfriesischen Geestrücken im äußersten Nordwesten vorgelagert ist.

Nachdem im Laufe des 8. Jahrhunderts das Friesenreich König Radbods nach und nach zerfallen war, konnten zunächst Willehad und später auch der erste Bischof von Münster, der Friese Liudger, ihre Missionstätigkeit unter den Küstenbewohnern aufnehmen. In dieser Zeit, im späten 8. und dann durch das 9. Jahrhundert hindurch also, werden auch in Holzkonstruktion die ersten kirchlichen Gebäude des neu begründeten Glaubens errichtet worden sein.

Wenn nun das Großkirchspiel Norden, ebenso wie unter anderem Leer, Emden und weiter östlich Arle und Wittmund später, im 11./12. Jahrhundert, den Rang einer Haupt- oder Sendkirche erhielt, so wird eben auch hier zumindest im 9. Jahrhundert eine solche Holzkirche gestanden haben. Der Zimmermann im frühen Mittelalter beherrschte durchaus die in unserer Region bekannte sogenannte Stabbauweise; die Holzkirchen selbst erscheinen als bescheidene Häuser von fünf bis acht Meter Breite sowie hier und da allenfalls mit einem rechteckigen Chor ausgestattet.

Ein solches Holzkirchlein war also auch der Norder Christengemeinde gut genug, um für Jahrhunderte als Ort der allsonntäglichen Messe mit Taufen, Eheschließungen und anderer sakraler Handlungen zu dienen. Als aber um 1200 die von den Klöstern vermittelte Kunst des Ziegelbrennens in Ostfriesland bekannt wurde, schritt man auch in Norden zur Tat. Vor den Augen der staunenden Bauern und Kaufleute – der riesige Marktplatz wird damals wohl ebenfalls schon angelegt worden sein – wuchsen nun die starken Mauern einer rund 38 Meter langen und 13 Meter breiten, mit halbrunder Ostapsis versehenen Steinkirche empor. Die Eingänge lagen damals in den Langseiten, und kleine Rundbogenfenster gaben dem schlichten „leeren" Innenraum nur spärliches Licht. Kanzel, Altaraufsatz, Leuchter und anderes Kirchengerät nämlich waren noch unbekannt, ebenso festes Gestühl, so daß die Gläubigen damals stehend der heiligen Messe beiwohnen mußten.

Es vergingen wiederum nahezu 300 Jahre, bis offenbar die nächste Baumaßnahme an unserer Kirche unumgänglich geworden war. Das 14. Jahrhundert ist in unserem Raum gekennzeichnet durch Bestrebungen,

DER AVERICHEIT
WENTE DAR
AVERICHEIT SYN
SONE IS NICHT GEKAMEN, DER MINSCHEN SELEN
SUNDER THO

# Ludgeri

angesichts einer stark angewachsenen Heiligenverehrung geeignete Standorte zur Aufstellung von Nebenaltären zu schaffen. Wenn die räumlichen Verhältnisse im Innern der Kirche es zuließen, konnten zu diesem Zweck hier und da – wie in Sillenstede – beiderseits des Triumphbogens Ziborien aufgemauert oder doch wenigstens – wie in Stedesdorf – eben dort hohe Nischen geschaffen werden. Als eleganteste Lösung galt freilich der Einbau von Lettnern oder Lettnermauern, von welchen sich in Ostfriesland etwa ein Dutzend erhalten hat und weitere zumindest nachzuweisen sind.

In Norden aber beschritt man einen anderen Weg. Angestachelt vielleicht auch von der durchaus stattlichen, 1314 eingeweihten Pfarrkirche der Stadtgemeinde – St. Andreas – in unmittelbarer Nachbarschaft, beschloß die Landesgemeinde, die Apsis ihrer Kirche niederzulegen und einen neuen Ostabschluß aufzuführen. So legte man nun vor das alte Langhaus in einer ersten Steigerung der Baumassen das fast zwölf Meter breite und 32 Meter lange, mit hoch aufsteigenden Rippengewölben ausgestattete und vom steilen Schieferdach bedeckte Querschiff. Ganz anders als am schlichten Schiff nun auch schon der architektonische Formenreichtum. Die südliche Fassade erhielt als Hauptschauseite für das typisch spätgotische Portalgewände und für die weit nach oben zu fortge-

Sakrales und Profanes in einem Kirchenraum vereint. Seit jeher waren vermögende Gemeindemitglieder darauf bedacht, in geweihter Erde bestattet zu werden. Zu ihrem Gedenken dienten zunächst die Grabplatten, welche die Gruft abdeckten, und später Epitaphien aus Stein wie das prachtvolle Grabmal für Unico Manninga (unten Mitte) oder auch solche aus Holz (links oben).

Extrem langgestreckt, statuarisch kompakt mit zugleich grüßender wie abwehrender rechter Hand – die Figur der Maria aus einer Verkündigungsgruppe. Dieses und andere Bildwerke von St. Liudger sind geprägt von der bildnerischen Eleganz der nordfranzösischen Kathedralplastik. Rechte Seite: Schon der ursprünglich spätgotische Flügelaltar erhebt sich mit seinem geschnitzten Baldachin zu imposanter Höhe. Dicke Rundsäulen umgeben ihn, auf denen Wände und Gewölbe des hohen Chores ruhen.

PAV
MIT DEN KLOKE
GENDE KELCK DEN WY
SEGENEN IS DE NICHT DE
GEMEINSCHVP DES BLO
DES CHRISTE DAT BRODT
DAT WY BREKEN IS DAT
NICHT DE GEMEINSCHVP
DES LIVES CHRISTE WEN
DE WILE DAT WY ALLE
EINES BRODES DEELAF
TICH SYN
1 COR 10
VNSE HERE IHESVS CHRISTVS IN DER NACHT

*Im dunklen Schrein des schönen spätgotischen Sakramentshauses neben dem Altar erscheinen, heute kaum noch beachtet, vier in kostbare Chormäntel gehüllte Engelsgestalten. Das weit ausschwingende Rauchfaß symbolisiert ihre zu Gott aufsteigenden Gebete, die brennende Kerze das „Licht der Welt". Wenn sie etwa in den sechziger Jahren des 15. Jahrhunderts zusammen mit dem Sakramentshaus geschaffen wurden, blieben ihnen bis zur Reformation nur wenige Jahrzehnte, um in mystischem Halbdunkel den Leib Christi zu bewachen und in der Anbetung Gottes zu stehen.*

führte spitzbogig geschlossene Nische eine reiche und elegant gestaltete Gliederung; fünf gestaffelte Blendnischen beleben das Giebeldreieck.

„Im Jahre des Herrn 1445 ist dieses Gebäude begonnen worden zu Zeiten des ehrbaren Herrn Junkers Ulrich, Häuptlings in Norden: durch den Weitblick der Mitpfarrer und der Norder."

Damals also drängte der selbstbewußte Häuptling Ulrich Cirksena die Gemeinde seiner „Residenz", die am Querschiff liegende Apsis abzutragen und – mit seiner kräftigen finanziellen Hilfe wohl und nach dem Vorbild vieler Stadtkirchen im Reich – nun auch einen solchen Chorbau zu errichten. Nicht lediglich die Kirche selbst, sondern darüber hinaus auch den großen Marktplatz und schließlich die Stadtsilhouette insgesamt dominiert heute dieser hoch aufragende Chor. Insgesamt 32 Meter lang und 26 Meter breit, entfaltet er seine imposante Wirkung vor allem durch den Kranz seiner zweimal abgetreppten Strebepfeiler und durch die Höhensteigerung vom Umgang zum Mittelschiff mit dem von einem zierlichen Dachreiter gekrönten Schieferdach.

Betreten wir nun über den engen Flur der Sakristei die Kirche, so empfängt uns zunächst das mäßig gestreckte, schlichte und von den großen Südfenstern mit viel Licht gefüllte Langschiff. Das Auge des Besuchers wird aber bald weiter nach vorne gelenkt, wo sich vom niedrigen Schiff aus in hellem Licht Querschiff und Chor absetzen. Die vielen Einbauten im Querhaus können nicht verhindern, daß die drei hoch aus ihren sehnenartig gegliederten Pfeilern aufsteigenden Rippengewölbe voll in Erscheinung treten.

Nachdem wir dann auch die trennenden Einbauten im Mitteljoch durchschritten haben, empfängt uns der Chor mit seinem elegant aufstrebenden Mittelschiff. Die queroblongen Rippengewölbe ruhen hier nicht mehr auf den sehnenartig durch Fasen und Hohlkehlen zerlegten Vorlagen wie im Querschiff, sondern vielmehr auf dreizehn Rundpfeilern von zirka 1,50 Meter Durchmesser. Die über den Kapitellen ansetzenden Gewölberippen mit birnstabförmigem Querschnitt laufen diagonal auf runde Schlußsteine in zirka 21 Metern Höhe. Sowohl die Arkaden als auch die Triforiennischen erhielten Gewände mit Hohlkehle und Fase, die Obergadenfenster dagegen lediglich Schräglaibungen. Wenn in ihren Architekturdetails auch zurückhaltend, so präsentieren sich doch Hochchor und

*Nicht nur der einheimische rote Backstein diente den Ostteilen der Kirche als Baumaterial, sondern auch – damals wie bei der jüngsten Renovierung – der in Ostfriesland seit dem 12. Jahrhundert bekannte Tuffstein vom Mittelrhein. Die Auswürfe der Eifelvulkane setzten sich vor Millionen Jahren als Schlammströme oder auch als wasserdampfreiche Wolken ab und bildeten nach ihrem Erkalten einen gut zu bearbeitenden Werkstein. Das schlicht belassene Mauerwerk des großen Chorfensters wurde allerdings mit Ziegeln gebaut.*

Umgang als straffe, in den Proportionen durchaus klassisch zu nennende Bauteile in der Formensprache der Spätgotik.

Dem Besucher des Langhauses wird zunächst die prunkvolle, an den Südwestpfeiler des Querschiffs gelehnte eichene Barockkanzel mit Aufgang, Kanzelkorb und dem mächtigen Schalldeckel ins Auge fallen, ein Werk des Orgelbauers Redolph Garrelts von 1712. Abgesehen von den in ihrer unterschiedlichen Gestaltung ansehnlichen Emporen im Querschiff erblicken wir dann als das mit Abstand wertvollste Stück der nachmittelalterlichen Ausstattung die Orgel des Meisters Arp Schnitger, 1688 eine ältere von 1566 ersetzend.

Hauptwerk und Rückpositiv östlich des Südostpfeilers schauen nach Norden, während der abgesetzte hohe Pedalturm um 45 Grad gedreht zum Langschiff hinweist. Diese ungewöhnliche Anordnung erlaubt den gleichen guten Empfang in allen Teilen des zusammengesetzten Innenraumes.

An den nordöstlichen Jochpfeiler gesetzt erscheint dann das aufwendige, etwa fünf Meter hohe und 2,5 Meter breite, in drei Zonen gegliederte Epitaph für den 1588 verstorbenen Drost Unico Manninga von Lütetsburg. Die obere Hälfte des aufwendigen Grabmals beherrscht eine typische Renaissance-Architektur aus Pilastern mit wuchtigen Konsolen sowie einem gesprengten Giebel mit Rundmedaillon und aufgesetzten Figuren.

Unter der „vor de lewe Overicheit", nämlich der fürstlichen Familie errichteten Empore hindurchschreitend, gelangt man nun in den Hochchor, wo zunächst der filigranartige Turm des spätgotischen Sakramentshauses aus Baumberger Kalksandstein ins Auge fällt. An den mächtigen Rundpfeiler gelehnt und auf der anderen Seite von einem brückenartigen, ebenfalls spätgotischen Türsturz gehalten, erhebt es sich in mehreren Stockwerken bis zur Höhe von 8,75 Meter. Auf dem mit Maßwerk verzierten massiven Sockel ruht, nur wenig ausladend, der zur Aufnahme der Eucharistie vorgesehene sechseckige Schrein.

Vor den engen, aufstrebenden Arkaden des Chorhaupts mit ihrer Vertikaltendenz erhebt sich die dunkle Silhouette des Altars mit dem wuchtigen Baldachin und dem durch reiches Schnitzwerk geschmückten waagerechten Abschlußfries sowie den mit klassischen Antiquatypen gefüllten Schriftfeldern von 1582.

## *Die Ausstattung der ostfriesischen Kirchen*

# Verborgene Schätze

Die Ausstattung unserer ostfriesischen Kirchen bietet keineswegs ein einheitliches Bild. Denn ihre Bestandteile – Altäre, Kanzeln, Taufsteine, Grabmäler sowie das Gestühl und anderes mehr – entstanden in der Regel nach und nach, teilweise erst im Laufe von Jahrhunderten. Auch die künstlerische Qualität dieser Stücke ist von durchaus unterschiedlicher Art. Gleichwohl folgten sie generell, wenn auch oft mit zeitlicher Verzögerung, im Aufbau ebenso wie in ihren Details getreu den jeweils geltenden Stilgesetzen ihrer Epoche. Es lassen sich mithin hier und da selbst Aussagen über Werkstattzusammenhänge und Einflüsse von außen treffen. Die genauere Betrachtung des Kircheninventars in seiner Gesamtheit führt aber zu einer weiteren Feststellung. Nicht weniger als die Architektur der baulichen Anlagen selbst spiegeln nämlich die nach und nach beschafften Stücke (aber auch ihre Entfernung) gleichsam bestimmte geistesgeschichtliche Strömungen und historische Ereignisse wider.

Bei den schlichten Dorfkirchen des 12. bis 14. Jahrhunderts wird sich das Inventar zunächst in bescheidenen Grenzen gehalten und sich lediglich auf das von Liturgie und Kirchenleitung Geforderte beschränkt haben. So erhob sich im spärlichen Licht der kleinen Fenster im östlichen Teil der Kirche der Altar, bestehend aus einem Mauerblock mit aufgelegter Steinplatte, der Altarmensa. Diese nahm in einer kleinen Vertiefung die Reliquie auf und erhielt an den vier Ecken sowie in der Mitte je ein ausgehauenes Weihekreuz. Zur Aufbewahrung der Hostie, des Leibes Christi, genügte in der Regel eine verschließbare Mauernische, gegen Ende des Mittelalters vor allem in größeren Kirchen durch ein hohes Sakramentshaus ersetzt.

Die ersten bedeutenden Veränderungen am Bau und damit auch im Raum erfolgten im 15. Jahrhundert, vornehmlich in seiner zweiten Hälfte. Zunächst ließen sich an vielen Kirchen die von ihrer Bauweise her anfälligen Apsiden – dort, wo sie im Osten den Abschluß bildeten – nicht mehr halten. Nach ihrem Abbruch entstand hier entweder eine glatte Mauer oder aber – wie in Petkum, in Norden, in Hage sowie auch in Werdum und Victorbur – der hoch aufragende spätgotische Chorbau, zumeist als Grablege begüterter adliger Familien gedacht. Zu dieser Zeit, nur Jahrzehnte vor der Reformation also, erfuhren zahlreiche Kirchenräume eine weitere, optisch wie ikonografisch bedeutende Ergänzung.

Um dem Kirchenvolk die Glaubensinhalte besonders aus dem Neuen Testament zur eigenen Anschauung und wirksamer als lediglich in der Liturgie näherzubringen, ließen die Verantwortlichen in den Gemeinden auf die vorhandenen Altarblöcke geschnitzte und vergoldete Flügelaltäre setzen oder auch weitere Nebenaltäre aufstellen. In dieser Spätzeit des Mittelalters erhielten fernerhin viele Kirchen an besonders gut sichtbaren Mauer- oder Gewölbeflächen, im Chorraum etwa, großflächige Ausmalungen, die in der Regel die szenenreiche Darstellung des Jüngsten Gerichts zum Inhalt hatten. Damit aber sowie hier und da mit der Errichtung schöner Sakramentshäuser fand die mittelalterliche Ausstattung der Kirchen auch schon ihr vorläufiges Ende: Mit der Reformation und ihrer neuen Glaubenslehre setzte eine tiefgreifende Umgestaltung auch des Kircheninnern ein.

Aber nicht nur der Pfarrkirchen. Denn die reformatorischen Ideen hatten auch die rund 28 ostfriesischen Klöster erfaßt, in denen nach und nach das Leben erlosch. Nicht nur die baulichen Anlagen gingen im Laufe der Zeit verloren, sondern auch besonders die teilweise überaus wertvolle Ausstattung an Monstranzen, Abendmahlsgerät, an Altären, Bildwerken, Chorgestühl, alten Meßbüchern, liturgischen Gewändern und anderem mehr. Nur in wenigen Ausnahmefällen gelang es, einiges an Klosterinventar zu bergen und zu benachbarten Pfarrkirchen zu verbringen. Denn diese konnten – anders als die Abteien – auch nach der Reformation ihren Dienst versehen und damit ihre Erhaltung sichern. Doch auch ihr Inventar blieb nicht verschont. Ermutigt von seinem zeitweiligen Lehrer Aportanus und von seinen Räten, nahm Graf Enno II. die günstige Gelegenheit wahr, seine wirtschaftliche und politische Stellung durch die Entnahme und Veräußerung wertvollen Kirchengeräts, vor allem solchem aus Edelmetallen, zu festigen. Wenig später, im Jahre 1543, erließ die ostfriesische Gräfin Anna auf Anraten ihres theologischen Beraters Johannes a Lasco die Weisung, bei Nacht (!) die Bildwerke aus den Kirchen zu entfernen. Wenn damals so manches Stück auch nicht den Flammen übergeben, sondern zunächst auch nur zur Seite gestellt und viel später zumindest teilweise wieder aufgestellt wurde, so hat doch diese unheilvolle Aktion wiederum bedeutende Teile der Ausstattung für immer vernichtet.

Es blieb aber nicht bei dieser. Die Besetzung Ostfrieslands durch den Grafen Mansfeld im Dreißigjährigen Krieg hinterließ auch in den Kirchen, die er in vielen Fällen als Truppenquartier mißbrauchte, ihre Spuren. So wissen wir etwa von Engerhafe, daß dort als Ersatz für die entwendete Bronzetaufe 1646 eine neue – übrigens wieder in der Gestalt des mittelalterlichen Taufkessels – beschafft werden mußte und von Larrelt, daß hier im Jahre 1634 neue Fenster nötig waren. Auf der anderen Seite zeichnen sich gerade die Jahrzehnte nach Abzug der Truppen durch eine große Zahl von Stiftungen an Altären, Kanzeln, Kronleuchtern und anderem Gerät aus privaten Spenden gläubiger Gemeindeglieder aus. Damals konnte ferner so manche Holzdecke neu eingezogen, Gestühlsteile sowie Türen und Fenster ersetzt und auch Abendmahlsgerät neu beschafft werden.

*Die letzte Renovierung hüllte die Kirche von Etzel in ein warmes Weiß, das auch die schöne Kanzel mit dem ungewöhnlich großen Schalldeckel sowie den in drei Stockwerken aufstrebenden Altar mit einbezieht.*

Aber immer noch kehrte keine rechte Ruhe im Innern unserer Kirchen ein. Nun waren es die Aufklärung und in ihrem Umfeld pietistische Strömungen, welche vieles an der Ausstattung auszusetzen hatten. Ihr Herzensanliegen war mithin eine weitere Purifizierung in den Kirchenräumen. Damals, also noch im späten 17. und dann durch das ganze 18. Jahrhundert hindurch galt es, auch die letzten Überreste aus dem finsteren Mittelalter planmäßig zu beseitigen. Daraus folgt im Rückschluß wohl, daß zu dieser Zeit in den Kirchen noch eine große Zahl von alten Ausstattungsstücken aufbewahrt und sicher auch benutzt wurde, was sich hier und da durch gesicherte Quellen belegen läßt.

*<u>Dornum</u> – das imposante Beispiel einer alten Herrlichkeitskirche. Die Häuptlinge des Ortes ließen für sich und ihre Familien wappengeschmückte Emporen errichten, von wo aus sie – in vornehmem Abstand zum Volk – dem Gottesdienst beiwohnten. Auch der mehrgeschossige barocke Altaraufsatz und andere Stücke der reichen Ausstattung gehen auf Stiftungen zurück.*

107 1-3
103 1-3
102 1-4
108 1
108 7
98 1

*Der Baumeister von St. Magnus in Esens, Friedrich A. L. Hellner aus Hannover, hatte 1847 keine leichte Aufgabe: Die Gemeinde mochte von ihrem Wunsch nach einem Neubau im „byzantinischen Stil" – was immer darunter zu verstehen war – nicht abrücken. So entstand zwischen 1848 und 1854 ein imposanter Bau, der jedoch weniger durch eine exotisch angehauchte Klassik als durch die damals gängigen Formen des Klassizismus für sich einnimmt. Überrascht wird der Besucher allerdings durch den lichtdurchfluteten Innenraum, wo ihn eine feingliedrige neugotische Hallenkirche mit überaus schlanken Säulen empfängt.*

# Verborgene Schätze

*Die Gewölbekuppel der reformierten Kirche in Aurich gemahnt an antike Bauformen. Die Kuppel steigt von einem elegant geformten Konsolfries auf und ruht auf nicht minder wohlgestalteten Säulen. Der halbrund aus der Wand hervortretende Kanzelkorb erhebt sich von einer Konsole aus leicht geschwungenen Akanthusblättern. Darüber der sorgfältig ausgewogene und mit klassizistischem Schmuckwerk versehene Schalldeckel. Alles in allem: ein Sakralraum von bestechender Eleganz und gelassener Würde.*

# Verborgene Schätze

*Als 1751 die mittelalterliche Kirche von Nortmoor durch einen Neubau ersetzt werden mußte, ließen sich nicht nur die alten Backsteine wiederverwenden; auch von der früheren Ausstattung wurden alle brauchbaren Stücke übernommen. So auch der Flügelaltar aus der Zeit um 1600 mit Darstellungen der Verkündigung, des Abendmahls und der Anbetung. Auch die schöne, reich geschmückte Kanzel mit den Apostelfiguren aus dem Jahr 1652 ist älter als der Kirchenbau selbst.*

# Das Mienenspiel über der Mensa

Der schlichte Altar von Petkum (rechts) wird durch seine Umgebung in den Rang eines Kunstwerks erhoben: Gotisch geschwungene Gewölberippen und drei geschmackvoll gestaltete Fenster rahmen ihn ein; von der Decke des Chorpolygons schauen reihenweise heilige Männer auf die Mensa hinab. In Westerende-Kirchloog wählte 1652 der Pastor mit Bedacht eine bewegte Szene aus dem Leben Jesu als Altargemälde (unten).

Nicht erst eine kultische Einrichtung der Christenheit, ist der Altar als Opferstätte der Gottheiten – zunächst im Freien, später an der Eingangsseite des Tempels errichtet – seit Jahrtausenden bekannt. Abgesehen von Altarstätten aus lokal aufgesetzten Feldsteinen, bleibt seine Grundform lange auf einen massiven Block oder auch auf eine untermauerte Steinplatte beschränkt. Eben diese – Mensa genannt – und deren Träger – stipes – bildeten die Bestandteile des Altars dann auch in der Apsis der christlichen Kirchen. Wachsende Frömmigkeit, aber auch die Freude an kultischem Schmuck versahen im Mittelalter zunächst das Antependium, die Vorderseite des Blockaltars, dann aber mit besonderer Aufmerksamkeit das Altarretabel, den Altaraufsatz nämlich mit immer reicherem Bildschmuck.

Das 14. und insbesondere das 15. Jahrhundert schufen schließlich hohe, kunstvoll gestaltete Altarschreine mit aufwendigen Schnitzereien, die – zumindest nach außen – die kultische Bedeutung der Mensa einschränkten und auch den Terminus „Altar“ an sich zogen. Die wachsende Verehrung Christi und der Heiligen führte zugleich zur Ausbildung seitlich angesetzter ausgemalter Flügel, die sich in der Regel nur an Sonn- und Feiertagen dem Blick der Gläubigen öffneten.

Nach der Reformation schließlich entfielen diese Flügel, und der in mehreren Stockwerken aufsteigende Architekturaltar beherrschte bis ins 19. Jahrhundert hinein souverän das Innere unserer Kirchen.

Diese ikonografisch wie theologisch bedingte Entwicklung läßt sich zumindest vom 15. Jahrhundert an auch für Ostfriesland nachweisen, wo sich aus einem – mit allem Vorbehalt geschätzten – mittelalterlichen Bestand von etwa 50 bis 80 Altaraufsätzen wenigstens deren acht bewahren ließen. In der Granitkirche von Buttforde zunächst tritt uns ein seltener Marienaltar entgegen, der in zurückhaltenden Flachreliefs Szenen aus dem Leben der Muttergottes, zugleich Patronin der Kirche, darstellt. Noch tief von der mittelalterlichen Mystik geprägt (überschlanke Hände, große Köpfe), läßt der Altar aber schon die Tradition der Tafelmalerei des späten 15. Jahrhunderts anklingen.

Bei den jüngeren, ebenfalls gegen Ende des 15. Jahrhunderts entstan-

# Altäre

denen Schnitzaltären von Hage und Arle geht die Zunahme der Plastizität freilich schon mit einer deutlich ablesbaren Verflachung des künstlerischen Ausdrucks einher. Diese wohl in ein und derselben Werkstatt entstandenen sogenannten Kreuzigungsaltäre mit der Wiedergabe des Geschehens auf Golgatha als beherrschendem Motiv in der Mitte des Altarschreins enthalten ferner Einzelszenen – Verspottung, Kreuztragung sowie rechts Grablege und Auferstehung. Alle Figurengruppen krönt jeweils ein durchlaufender Baldachin

*Aus dem aufgegebeneen Kloster von Ihlow wurde einer der kostbarsten Altäre in Ostfriesland gerettet und in der alten Lambertikirche von Aurich wieder aufgestellt. Gefertigt wurde der spätgotische Schnitzaltar von der bekannten Lukasgilde zu Antwerpen.*

*Das dramatische Geschehen auf Golgatha den Gläubigen nahezubringen, war ein besonderes Anliegen der Kirche im ausklingenden Mittelalter. Und wo könnte der Bund fürs Leben auch heute noch besser geschlossen werden als vor diesen Bildern! (Links Funnix, unten Hage). Ebenfalls am Hager Altar findet sich die Darstellung eines Engels, der mit kräftiger Hand die Seele des guten Schächers gen Himmel trägt.*

*Ob gemalt oder geschnitzt – die Altäre von Nortmoor (oben) und Buttforde (Detail, rechts) waren einst vorzügliches Anschauungsmaterial für die lesensunkundigen Gläubigen.*

aus zierlichem spätgotischem Schnitzwerk.

Die jüngsten, bereits dem frühen 16. Jahrhundert zuzuordnenden Altäre in Loquard und Holtgaste verzichten zugunsten einer geschlossenen, dynamischen Gruppenbildung nun schon gänzlich auf die architektonische Abgrenzung der verschiedenen Szenen. Sie sind in ihrer künstlerischen Qualität auch die wertvollsten unter den ostfriesischen Schnitzaltären. Zwar wird der Blick auch auf modische Details der Bekleidung (ab)gelenkt, diese ordnet sich aber der beredten Gebärdensprache und dem individuellen Mienenspiel der Gesichter unter. Die vier rudimentären Teile des Holtgaster Altars – er steht heute im Heimatmuseum in Weener – lassen eine noch stärkere Bewegung der Gruppen erkennen, geschickt unterstützt durch bandartig eingeflochtene voluminöse Hügel- und Felselemente.

Die Weisung der ostfriesischen Gräfin Anna vom 3. 9. 1543 an die Kirchengemeinden ihres Herrschaftsbereichs, die „Bilder" – Darstellung der Heiligen in den Kirchenräumen – zu

*Vielleicht das reifste Werk unter den sechs Schnitzaltären Ostfrieslands ist der Altaraufsatz (Retabel) von Loquard.*

*Eine alte christliche Legende berichtet von dem römischen Soldaten Longinus, auf dessen blinde Augen ein Blutstropfen des Gekreuzigten fiel und ihre Sehkraft wiederherstellte – nachempfunden auf dem Altar von Arle, (links und oben). Ein typisch nachreformatorischer Altar, bei dem die Schrift über das Bild dominiert, findet sich in Asel (unten).*

beseitigen, wird nicht überall im Lande und ganz gewiß nicht unverzüglich befolgt worden sein. Vor allem werden die Gemeinden zunächst ihre wichtigste liturgische Einrichtung, den Altar, noch Jahrzehnte beibehalten und allenfalls die Nebenaltäre beseitigt haben. Woher hätten die aufgeschreckten und verunsicherten Pfarrgemeinden auch die finanziellen Mittel für die Beschaffung neuer Altäre hernehmen sollen und vor allem – wie sollten diese denn aussehen? Eine gründliche Säuberung auch des Kircheninnern von den Zeugnissen einer „selbstverschuldeten Unmündigkeit“ (Kant) erfolgte dann erst im Zuge der gegen Ende des 17. Jahrhunderts einsetzenden Aufklärung.

Nur ganz vereinzelt lieferte dann die Renaissance in Ostfriesland Altarretabel. Als in Stedesdorf die Gemeinde im Jahre 1613 einen neuen Altar bestellte, wurde dieser nicht nur in den gängigen Bauformen dieser Stilepoche, sondern auch noch – in Anlehnung an den mittelalterlichen Altarschrein – mit seitlich angesetzten Flügeln errichtet.

Ein anderer Altartyp tritt dann, der neuen theologischen Lehre folgend, im 16./17. Jahrhundert besonders oft auf: der Schriftaltar mit der Wiedergabe der Zehn Gebote oder der Einsetzungsworte des Abendmahls. Einen solchen ließen gegen Ende des 16. Jahrhunderts die Dornumer Häuptlinge für ihre Herrlichkeitskirche errichten. Dieser zwar kleine, aber in gefälligen Proportionen gezimmerte und mit einer eleganten Schrift versehene Altar mußte freilich 1683 dem prächtigen barocken Aufsatz weichen; jener fand damals als Ersatz

*Von den zahlreichen Szenen am Altar von Funnix erkennt man (von oben) Verkündigung, Heimsuchung, Geburt Jesu, Anbetung der Heiligen Drei Könige, dazu die Darstellung im Tempel und die Flucht nach Ägypten.*

für den mittelalterlichen Schrein eine willkommene Aufnahme in der Roggensteder Kirche.

Die fruchtbaren Jahrzehnte des Wiederaufbaues noch während des Dreißigjährigen Krieges – dieser auch in Ostfriesland mit verheerenden Schäden – geben den Kirchen endlich wieder ihr würdiges Aussehen zurück. Es war zugleich die üppige Formensprache des Barock mit seinen gewundenen Säulen, dem reichen bildnerischen Schmuck und der lebhaften Ornamentik. Die Reformation verwandelte aber auch den Bilderkreis: Als Hauptdarstellung im Mittelfeld erscheint das Abendmahl, darüber folgen Golgatha und die Himmelfahrt, während der Untersatz oft die Evangelisten oder auch die Geburtsszene enthält. Ihre eigenwillige Handschrift hinterließ vor allem die über Ostfrieslands Grenzen hinaus bekannte Werkstatt der tüchtigen Schreinerfamilie Cröpelin in Esens, der außer sechs Altären – u.a. in Reepsholt, Blersum, Westerende, Eggelingen und Dornum – noch sieben Kanzeln zugeschrieben werden.

Die Stilformen des Klassizismus gelangten, da ein reiches Bauprogramm nun schon bewältigt war, in nur ganz wenigen Beispielen zur Verwirklichung. Aus der Feder des kunstsinnigen Humanisten C. B. Meyer, eines „Laien“, stammt der Entwurf des Kanzelaltars in der 1835 neugebauten Lambertikirche zu Aurich, einer Schauwand, die in ihrer schon monumental zu nennenden Architektur gleichsam drei Stilrichtungen vereinigte. Das untere Stockwerk mit dem spätgotischen Ihlower Altar war konsequent aus Pilastern, Gebälk und Rundbögen errichtet. Im oberen Stockwerk dann eine Balustrade aus kannelierten dorischen Säulen und als krönender Rahmen über der Kanzel eine Tempelarchitektur aus korinthischen Säulen, Gebälk, Konsolfries und prachtvollem Tympanon. – Daß schließlich die Ausstattung unserer Kirchen in Aufbau und formalen Einzelheiten auch den vorgegebenen Bauformen der Architektur folgte, bezeugen einige wenige Beispiele der Neugotik des späten 19. Jahrhunderts.

Der mehr und mehr auf Vernunft und auf materielle Werte gerichtete Zeitgeist unserer Tage findet selten einen Weg, das Kircheninventar durch bildnerischen Schmuck zu beleben. Er sucht aber wohl wieder zum Wesentlichen der Ursprungszeit zurückzufinden – zur schlichten Altarmensa, deren kultischer Inhalt lediglich etwa durch ein Kruzifix verdeutlicht wird.

# Masken und Misericordien

Die Dorfkirchen des hohen Mittelalters kennen weder Bodenfliesen noch festes Gemeindegestühl. Hier und dort sparte man bei dem Aufsetzen der Chor- oder auch der Apsismauern, allerdings nur zur Benutzung durch die Geistlichkeit, ausreichend tiefe Sitznischen aus.

Das seltene Stück eines sogenannten Levitenstuhls, eines holzgeschnitzten Dreisitzes in den aufwendigen Formen der Spätgotik, blieb der Kirche von Hage erhalten. Die Schauseite des Sitzkastens wie auch die Rückwand zieren das sogenannte spätgotische Faltwerk. Seitenwangen mit reich geschmücktem Maßwerk trennen die drei Sitze voneinander, die Halbtonne des Überbaues leitet zu den drei ebenfalls aus zierlichem Maßwerk gebildeten abschließenden Baldachinen über. Für die Nutzung in der dörflichen Pfarrkirche wahrlich ein bemerkenswert üppiges Stück, das möglicherweise den Beständen einer benachbarten Abtei entstammt (Coldinne?).

Ganz sicher von einem Kloster, nämlich aus Barthe herbeigeführt wurden Reste des qualitätsvollen Chorgestühls, die eine glückliche Aufnahme in der Kirche von Nortmoor fanden. Hier sind in der im Mittelalter üblichen Weise Seitenwangen und Gesäßstützen, „Misericordien", aus Gesichtsmasken und Fabeltieren aller Art gebildet. Auch das wohl aus dem benachbarten Kloster Marienthal stammende je 15sitzige Chorgestühl der Norder Ludgerikirche erhielt reichen plastischen Schmuck, dessen Wangen die qualitätsvolle Darstellung der Kreuzigung und der Heimsuchung Marias enthalten.

Vereinzelt schon im späten 15. Jahrhundert ließen die Kirchengemeinden für die Gläubigen festes Gestühl beschaffen. So überstand das mit elegantem spätgotischen Maßwerk geschmückte Kastengestühl in Eilsum sämtliche Renovierungsphasen wenigstens in Teilen unversehrt. Eindeutige Stilmerkmale der Renaissance tragen die Wangen und Schranken des gut erhaltenen und auf ansteigende Ebenen gesetzten Gestühls in Bunde: Rundbogen, flache Pilaster und aufgelegte Schuppenmuster. Seitenwangen und ihre Türen enthalten in zahlreichen Kirchen also Stifter- oder Bauernmasken, wie diese in St. Marien von Buttforde auftreten.

*Hier durften nur Priester sitzen: der sogenannte „Levitenstuhl" in Hage, ein holzgeschnitzter Dreisitz in den zierlichen Formen der Spätgotik.*

# Der Augenschmaus zum Wohlklang

*Raum für den Klang! Um der Orgel aus dem 17. Jahrhundert angemessenen Klangraum zu geben, mußte in Uttum eine 1805 eingezogene Bretterdecke gewölbemäßig angehoben werden.*

Die Orgel erfreut mit ihrem Wohlklang das Ohr, ihr Gehäuse – der Prospekt – aber das Auge; dies und dazu auch weniger liturgische Forderungen waren seit dem 15. Jahrhundert die tragenden Gründe für den Einbau von Orgeln in Pfarr- und Klosterkirchen.

Das geschah indes durchaus nicht ohne Hemmnisse und man-

*Die spätgotische Orgel von Rysum (oben) wird bereits 1457 erwähnt. Wenn also eine lateinische Inschrift an der Organistenkanzel den „Equitis aurati“, den goldgeschmückten Ritter Victor Vriese nennt, so kann es sich nur um den Einbau eben dieses reich verzierten Teiles der Empore gehandelt haben. Funktionsfähig sind übrigens nur die beiden äußeren Pfeifenteile, der Mittelteil bleibt stumm.*

cherlei Widerstände, namentlich von seiten der reformierten Theologen, welchen die alten – mittelalterlichen – Orgeln als „erfunden im Bapsttumb“ ein richtiges Greuel waren (Emden 1628).

Auf der anderen Seite mag eine ordentliche Liturgie dieses begleitende Klanginstrument erfordert haben, wenn der noch wenig entwickelte Gemeindegesang allzu kläglich ausfiel. So fordert das Emder Kirchenratsprotokoll vom 10. November 1704:

„(. . .) weil ohnlängst bey der communion im singen eine ärgerliche dissonantz fürgefallen (. . .) hat man (. . .) guth gefunden daß der organist auch unter dem communiciren die orgel schlage zur direction des gesangs . . .“ Jedenfalls bemühte sich nach und nach auch die ärmste Kirchengemeinde um die Beschaffung einer Orgel, so daß heute – bis auf rund fünf Gemeinden – überall ihr kräftiger Klang den Gemeindegesang stützen kann.

*Einer alten Überlieferung zufolge gelangten Teile der alten Klosterorgel von Sielmönken nach der Reformation nach Uttum, doch wir indes erkennbar eine typische Barockorgel vorfinden – mit Doppeladlern und Flammenspießen zwischen den Pfeifenfüßen sowie einem bemerkenswert rotwangigen Frauenkopf.*

*Welch ein Hochgefühl muß die Herzen der Gläubigen in Weene (Orgel rechts) erfüllt haben, als am 1. Ostertag 1699 zum ersten Mal die neue Orgel ertönte und damit Vorsänger und Kinderchor entlastet waren. Die straffen Leisten und Gesimse der Mittel- und Ecktürme sind durch verspielte Barockelemente aufgelockert. Auf der Orgel von Wiesens (oben) schreiten beschwingt zwei Engel aus, derweil Füllhorn und Lyra – stille Symbole zum Gotteslob – die 1817 gebaute Orgel von Tergast (unten) zieren.*

Auch der Orgelprospekt hatte sich durch die Jahrhunderte dem Diktat der jeweils gültigen Architekturform zu beugen. So finden wir in Rysum am Gehäuse der ältesten ostfriesischen Orgel von 1457 (zugleich eine der ältesten Europas) die uns schon aus der Betrachtung der Altäre bekannten spätgotischen Schmuckformen: den Kielbogen an den Seitentürmen sowie Holzschnitzereien, Fialen und in der Emporenbrüstung spätgotisches Faltwerk, dazu als Reminiszenz an die Altarschreine des Mittelalters auch seitlich angesetzte Flügel – so etwa in Westerhusen (1643), Visquard (1650) und Uttum (1660).

*Auch Orgelgehäuse orientieren sich an den jeweils geltenden Architekturformen. Die reformierte Kirche in Aurich erhielt für ihren Neubau von 1838 die passende klassizistische Orgel (oben). Aber auch ein neugotischer Prospekt mit seiner eher spröden Architektur vermag sich – Nesse (links) bezeugt das – ohne Zwang dem Innern einer alten Kirche einzuordnen: ein farblicher Wohlklang von rotem Lettner, grün-weißem Gestühl, den morbiden Farbtönen der Orgel und der lebhaft ausgemalten Holzdecke. Ganz oben auf dem Marienhafer Prospekt (unten) wachen Engelsfiguren in wallendem Gewand.*

Sie fehlen aber schon in der eindrucksvollen Renaissance-Orgel von Osteel, wo die Türme oben und unten noch von waagerechten, wenn auch verkröpften Rahmen eingefaßt und mit knappem Schnitzwerk, „Schleierbrettern", geschmückt sind. Dieses letztere beginnt an der nun schon barock konzipierten Orgel in Buttforde, einer Arbeit des bekannten Hamburger Meisters Joachim Richborn aus dem Jahre 1681, bereits kräftig zu wuchern.

Von souveräner Prachtentfaltung dann die Barockorgel in der Norder Ludgerikirche, 1686 bis 1688 von Meister Arp Schnitger geschaffen und ausgesprochen eigenwillig um den

**(Fortsetzung des Textes auf S. 120)**

*In der aus dem 13. Jahrhundert stammenden Kirche von Etzel war Orgelklang über nahezu 600 Jahre unbekannt. Noch 1859 ließen die amtlichen Visitatoren das Fehlen einer Orgel mit spürbarem Ärger in ihrem Protokoll vermerken. Und noch drei Jahre später wurden auf einer Versammlung der sogenannten „Interessenten" Stimmen gegen einen in Erwägung gezogenen Orgelbau laut. Noch im gleichen Jahr aber erhielt Gerd Sieben Janßen aus Aurich den Auftrag für den Bau einer Orgel. Er schuf einen Prospekt in den genügsamen, sparsam dekorierten Stilformen des Klassizismus.*

Ort, da deine Ehre wohnt. Psalm 26,8

SINGET
UND SPIELET
DEM HERRN
1-5
1-3
4+5
4
3

*Die „Windstube" der Orgel in Bagband nennt neben dem Baujahr des Instruments (1775) auch den aus Quakenbrück stammenden Baumeister H.W. Eckmann. Vordem hatte wohl auch hier eine Orgel gefehlt, wie eine Notiz aus einem alten Visitationsprotokoll belegt. Die Gemeinde hatte sich mit der Neuerwerbung lange Zeit schwergetan: Immer wieder schob man die Abtretung der zugesagten „zwei Diemat Meede" hinaus. Heute erhebt sich über einer mit Tafelbildern verzierten Empore der aus drei Türmen gebildete Orgelprospekt in seinem barocken Gewande.*

*Auch in Weener beschließt die reformierte Gemeinde erst im Jahre 1709 „tot siraet (Zierat) onse kerke“ eine Orgel zu errichten. Als Orgelbauer wird neben dem am Ort ansässigen Nikolaus Stöver der berühmte Name Arp Schnitger genannt. Obwohl diese illustre Werkstatt für Weener nicht zuverlässig nachgewiesen ist, sprechen Details des prachtvollen Prospekts, der Parallelen mit der Norder Arp-Schnitger-Orgel aufweist, für eine solche Urheberschaft. Als weiteres Indiz für eine Mitwirkung Schnitgers mögen Eintragungen im Traubuch der Gemeinde Weener stehen: Am 6.9. und 29.10. 1710 heirateten sowohl Stöver wie Arp Schnitger jun. zwei Töchter des Stallmeisters de Courgelon.*

H.WYNHAGEN
H.HESSE
KERKVOOGDEN
3782

*Auch das 1788/89 anstelle eines abgängigen Baues errichtete Kirchlein von Woquard sollte bald mit einer Orgel ausgestattet werden, um, wie aus einem Schreiben an das Konsistorium hervorgeht, „den Gottesdienst anmutiger zu machen". Es entstand ein Prospekt, der mit seinen Vasen, Girlanden und zart gehaltenem Rankenwerk stilistisch die Schwelle vom Rokoko zum Klassizismus markiert.*

Anno
1709

*Vom reformierten Pastoren in Manslagt wird berichtet, er habe im Jahre 1550 „het orgel uit de kerke . . . weggedaan" und auf dem Kirchhof öffentlich verbrannt. Derlei Orgelfeindlichkeit war freilich nicht immer nur theologisch bedingt. Besonders in ärmeren Gemeinden überwogen Bedenken wirtschaftlicher Art. Gegen die Anschaffung einer Orgel sprachen deren enorme Kosten, die Besoldung des Organisten sowie des Bälgetreters. In Eilsum teilte man derlei Bedenken offenbar nicht. Um 1600 ließen die Eilsumer im westlichen Gewölbejoch ihrer schönen Kirche auf einer Empore eine Orgel errichten. Die in der Mitte der beiden Flachfelder mitgeteilte Jahreszahl 1709 bezieht auf eine Renovierung der Orgel.*

# Orgelprospekte

südöstlichen Vierungspfeiler herum drapiert – dies ohne Beispiel in der Orgelbaugeschichte. Dadurch aber ließen sich zwei voneinander abgesetzte Bauteile, nämlich Querschiff und Hochchor, akustisch zusammenfassen.

Die Orgelprospekte aus der ersten Hälfte des 18. Jahrhunderts behalten den Aufbau der älteren Stücke bei, bereichern ihn aber lebhaft mit prächtigen Seitenohren, mit Ranken- und Figurenaufsätzen sowie mit Schleierbrettern an den Türmen. Ein beredtes Beispiel dieser fruchtbaren Bauepoche ist die durch Gerhard von Holy 1713 – als Ersatz für ein erheblich älteres Werk – gebaute Orgel von Marienhafe. Hauptprospekt und – kleineres – Rückpositiv in eindrucksvoller Konsequenz bis in die Einzelheiten hinein von gleicher Erscheinung: Die seitlichen dreieckigen Türme wurden mit köstlichen Schleierbrettern und kraftvoll geführten Seitenstücken sowie krönenden Figuren besetzt. Ähnlich gestaltet, wenn auch nicht ganz von gleicher künstlerischer Qualität, die Orgeln in Dornum (um 1700), Weener und Eilsum (beide 1709) sowie Ochtersum (1736) und Aurich-Oldendorf (1744).

Die Masse der Neubauten fällt aber in die zweite Hälfte des 18. Jahrhunderts: Loquard, Dunum, Hinte, Backemoor, Strackholt, Marx und viele andere. Stilistisch gesehen, befinden wir uns freilich schon in den vom Rokoko geprägten Jahrzehnten, wie dies besonders deutlich die 1762 vom Wittmunder Meister J. F. Constabel neu geschaffene, elegante Orgel in Funnix bezeugt. Dort nämlich wird die bis in den Barock hinein praktizierte Symmetrie bei der Durchbildung der Zierformen aufgegeben, so daß hier das typische Knorpel- und Muschelwerk neben den Seitentürmen, aber auch an allen anderen Stellen eben nicht mehr in spiegelbildlicher Wiederkehr erscheint, sondern vielmehr immer neue Schmuckformen hervorbringt.

Auch im Orgelbau war zu Beginn des 19. Jahrhunderts der Bedarf gedeckt. So finden wir die wenigen im Stile des Klassizismus geschaffenen Orgeln in Groothusen (1801), dann aber besonders in Tergast (1817) und schließlich in der reformierten Kirche in Aurich von stiller, zurückhaltender Formensprache. An den beiden zuletzt genannten Orgeln zeugen nur noch das sparsame, bescheiden gewordene und schon additiv gebrauchte Rankenwerk von vergangener Pracht; in Tergast schließlich finden wir sogar die traditionelle Aufteilung in Pfeifentürme aufgegeben.

Wenn uns das Mittelalter grundsätzlich die Namen der Architekten und Bildhauer vorenthielt und auch Altäre, Kanzeln sowie anderes Gerät anonym blieben, so sind uns doch die Orgelbauer auch dem Namen und ihrem Wohnsitz nach bekannt.
Dies bezeugen gefragte Werkstätten wie D. Lohmann und J. Fr. Wenthin aus Emden, H. J. Müller in Wittmund, J. G. Rohlfs aus Esens, G. J. Schmid aus Leer und viele andere. Wir wissen freilich auch, daß so mancher einheimische Orgelbauer angesichts der Orgelfeindlichkeit im Lande seiner Heimat enttäuscht den Rücken zukehrte.

Dies betraf auch so bedeutende Meister wie Redolph Garrelts und Gerhard von Holy, beide Gesellen des berühmten Orgelbauers Arp Schnitger. So manchen im Lande Verbliebenen mangelte es aber auch an einer ordentlichen Ausbildung, da sie von Hause aus zunächst lediglich das ehrbare Handwerk eines Tischlers oder gar das eines „Wagenmachers“ ausübten. Der Wittmunder Meister H. J. Müller ließ sicher zu Recht seinem Zorn freien Lauf gegen „(. . .) Christian Fuhrmann, welcher ein versoffener und verloffener Mensch aus Bremen (. . .)“ sei.

Dem solcherart drastisch Angeschwärzten mag in Ostfriesland tatsächlich das Bier nicht schlecht geschmeckt haben. Für eine größere Reparatur der Groothuser Orgel wurden ihm 1772 155 Reichstaler ausgehändigt, von denen so mancher für geistige Getränke im Lande umgesetzt worden sein mag.

# Das kleine Haus im Gotteshaus

Zur Verwahrung der geheiligten Hostie – des Leibes Christi – genügte in den ersten Jahrhunderten der Christenheit die Bereitstellung eines Metallgefäßes, dem man gerne die Gestalt einer Taube gab.

Vom 12. Jahrhundert an erhielt dann die Nordmauer der Kirche in Altarnähe eine fest verschließbare Nische zu eben diesem Zweck. Ihre gehobene kultische Bedeutung forderte auch eine besonders aufwendige Gestaltung, bis sich dann später das Sakramentshaus gänzlich aus der Mauer herauslöste und einen selbständigen, prachtvoll ausgestatteten Turm bildete.

In Reepsholt zunächst ließ sich in der nördlichen Außenwand des Chores beim Aufführen des Mauerwerks eine geräumige Nische aussparen, welche eine kräftige Bohlentür mit kunstvoll geschmiedetem Beschlag verschließt. Auch das Sakramentshäuschen in Roggenstede, gegen den Wandpfeiler gemauert, geht wohl noch auf die Bauzeit der Kirche in der ersten Hälfte des 13. Jahrhunderts zurück. Es erhielt die Gestalt eines Häuschens mit Giebel und aufgesetztem groben Kreuz.

Schon weit aufwendiger die Anlage in Victorbur mit profilierter Rechteckrahmung, zwei Blendnischen und krönendem Kreuzaufsatz aus Sandstein. Ebenso wie die ähnlich beschaffenen Sakramentshäuser in Riepe und Weene ist sie schon als Zutat des 15. Jahrhunderts anzu-

*Ein Häuschen mit Giebel und grobem Kreuz: der Sakramentsschrein von Roggenstede.*

*Eine kühne Steinmetzarbeit aus Baumberger Kalksandstein – der Sakramentsschrein von Arle gehört mit seinen musizierenden Engeln und fauchenden Löwen zu den schönsten seiner Art in Ostfriesland. Vergleichsweise bieder nimmt sich dagegen das Riepster Exemplar (rechts oben) aus, das gleichwohl unserem modernen Kunstverständnis näherzustehen scheint als das feingliedrige Arler Gebilde.*

sehen. Die eleganten, filigranartigen Türme in Norden und Arle schließlich sind bereits Beispiele hohen bildhauerischen und künstlerischen Könnens auswärtiger Werkstätten.

An den mächtigen Rundpfeiler gelehnt und auf der anderen Seite von einem brückenartigen, ebenfalls spätgotischen Türsturz gehalten, erhebt sich in mehreren Stockwerken das Norder Sakramentshaus bis zur Höhe von rund 8,75 Meter. Auf dem mit Maßwerk verzierten massiven Sockel ruht, ein wenig ausladend, der zur Aufnahme der Eucharistie vorgesehene sechseckige Schrein. An seinen Wänden und Ecken erscheinen Postamente und Baldachine, Standorte heute nicht mehr vorhandener Statuetten; als Abschluß dann jeweils ein reichverzierter Spitzbogen mit Fialen. In weiteren Stockwerken steigt schließlich das elegante Gebilde des durchbrochenen Turmes mit zierlichen Fialen, Maßwerkformen, Baldachinen und Kreuzblumen auf – eine modellhaft verkleinerte gotische Idealarchitektur.

Ein Vergleich mit den glücklicherweise ebenfalls noch erhalten gebliebenen Türmen in Arle und Tet-

tens bezeugt eindeutig den hohen künstlerischen Rang dieses in der Region seltenen Stückes der Ausstattung.

Auch in Arle blieb das stattliche turmhohe Sakramentshaus erhalten, eine kühne Steinmetzarbeit aus Baumberger Kalksandstein, in ihrem Aufbau den Sakramentshäusern in Norden und Tettens ähnlich. Aus einer verzierten und verkröpften Basisplatte erhebt sich der viereckige Schaft mit einem ebenfalls reich gegliederten Sockel und vier Heiligen-

figuren, in Nischen auf Konsolen stehend. Zur weiteren Abstützung des Aufbaues dienen vier reich verzierte, auf Löwenkörpern aufsetzende Säulchen, die zusammen mit dem Schaft den vergitterten Sakramentsschrein tragen. An seinen Ecken finden wir vier musizierende Engel, hier von geringerer Größe, auf hohen Säulen mit Sockel stehend und von zierlichen Baldachinen gekrönt. Als Übergang zum nächsten Geschoß – vier Säulenstellungen mit dazwischengesetzten Fialen – erscheinen spätgotische Bögen und wiederum reicher Fialenschmuck. Über dem abschließenden Kielbogen setzt das vierte Stockwerk mit Schaft und begleitenden Fialen an, das schließlich nach ineinander verschlungenen Kielbögen in die von Kriechblumen verzierte Spitzfiale mündet. Alles in allem eine bemerkenswerte Steinmetzarbeit des 15. Jahrhunderts von bestechender Kühnheit und echter spätgotischer Eleganz.

# Das Wasser gegen böse Geister

Der erste Taufakt der Christenheit vollzog sich am Ufer des still dahinfließenden Jordan unter dem wolkenlosen Himmel Samarias. Diese schlichte Kulthandlung zur Aufnahme gläubig Gewordener in die christliche Gemeinde entsprach auch vollauf den Anforderungen der frühen Theologie.

Die kaiserliche Staatsreligion aber ging vom 4. Jahrhundert an einen großen Schritt weiter: Die aus den Badebecken römischer Thermen entwickelte Piscina bedurfte eines eigenen Gebäudes, des frühchristlichen Baptisteriums nämlich. Erst mit der Aufgabe der Erwachsenentaufe vom 9. Jahrhundert an entwickelte sich zunächst die Faßtaufe aus Holzdauben und später der uns schon bekannte Taufstein mit seinem Standort zunächst neben dem Hauptportal der Kirche. Erst viel später, mit allmählicher Aufgabe exorzistischer Vorstellungen, gelangte das Taufgerät in den Chorraum der Kirchen, wo wir es in der Regel auch heute noch vorfinden.

Die Verleihung des Taufrechts über Bischofs- und Hauptkirchen hinaus auch an Pfarrkirchen vom 11. Jahrhundert an setzte eine Art Massenproduktion von Taufsteinen in Gang. Mußte im 12. Jahrhundert in Ostfriesland noch der überaus harte Granitfindling ausgehöhlt werden, wie dies die eindrucksvollen Steine in Dunum, Ardorf und Funnix zeigen, so erlaubten später vor allem die Sandsteinbrüche von Bentheim eine Fertigung der Steine auf Vorrat.

Wir finden sie u.a. in den Kirchen von Marienhafe, Blersum, Ochtersum, Manslagt, Arle und Hage.

*Zu den elegantesten Erscheinungen unter den Taufbecken in Ostfriesland gehört das Wittmunder von anno 1777. In Werdum gibt es ein weitestgehend gleich gestaltetes Exemplar. Der Schmuck ist an vielen Stellen mit Blattgold überzogen – dem Zeitgeschmack des Rokoko entsprechend.*

*Der Taufstein von Funnix, ein mit recht bescheidenen handwerklichen Mitteln gehöhlter Granitfindling, steht in hartem Kontrast zu dem kunstvollen Schnitzaltar im Hintergrund.*

Neben dem Schmuckbedürfnis standen im Vordergrund wohl auch ikonografische Vorstellungen: der Sieg des heilenden Taufwassers über das Böse oder auch die Abwendung böser Geister vom Täufling. Wir finden generell auch die Verzierung des Beckenrandes schematisch und weitgehend abstrahiert gearbeitet. Zwischen zumeist doppelten Taustäben erscheint ein Rankenfries mit stilisierten Blättern, Palmetten und hier und da auch Weinranken. Die frühen Bentheimer Steine erhielten zylinderförmige Becken, wie etwa in Holtland, wo aber anstelle des Rankenfrieses flache Blendarkaden mit einem seltenen (maurischen?) Dreiviertelkreis erscheinen.

Auf die überwiegend nur ornamental verzierten Bentheimer Steine folgen in der zweiten Jahrhunderthälfte Taufen mit zylindrischen Becken, deren Wandungen nun schon in ganzer Höhe figürliche Szenen aufnehmen. Diese Steine stehen in engem Zusammenhang mit der Marienhafer Bauplastik und lassen sich also auch stilistisch und zeitlich näher bestimmen: Wir bezeichnen sie danach als frühgotisch. In Stedesdorf erhielt der Mantel des Beckens rundbogige Arkaden, in welche Gewandfiguren eingestellt wurden. Die recht grob bearbeiteten Statuetten, deren Köpfe abgeschlagen sind, zeugen noch nicht von höherer bildhauerischer Qualität. Diese finden wir aber – zumindest in der Lebendigkeit der Figuren – an dem Taufstein in Middels. Dort sind ohne die hemmende Zäsur der Arkadensäulen umlaufend Christi Taufe, die Kreuzigung, Auferstehung und besonders lebendig die Höllenfahrt dargestellt. Die außerordentlich dynamische Bewegung Christi in dieser Szene und auch bei zwei Engelsgestalten ist in der Plastik des hohen Mittelalters selten zu finden.

Ein ausgereiftes, lyrisch betontes Werk der Frühgotik finden wir schließlich in Nesse. Von einem schlichten Sockel steigen mit Basen und Kapitellen verzierte Säulchen auf, die Rundbögen mit Inschriften sowie Tier- und Pflanzenfiguren in den Zwickeln tragen. Als Abschluß erscheint ein lebhaft gestalteter Rankenfries in kräftiger Relieftechnik. Stark hervortretend in der Formensprache der Spätromanik auch die Figuren in den acht Arkaden, umlaufend die thronende Muttergottes mit dem Kind und die Heiligen Drei Könige, die Verkündigung mit Gabriel und Maria sowie schließlich die Taufe Christi mit Johannes und einen das Gewand Christi haltenden Engel darstellend. Die Stirnseiten der Bögen enthalten Inschriften in romanischen Lettern, von denen unter anderem die Namen SANCTA MARIA, CASPAR, MELCHIOR sowie GABRIEL, ANGELUS und JOHANNES entziffert werden.

Unser letztes Beispiel in dieser Reihe, der Taufstein in Eggelingen, erlitt während des Dreißigjährigen Krieges stärkste Schäden aus grober Soldatenhand. Aber selbst als Torso bezeugt er noch seinen hohen künstlerischen Rang. Nacheinander sind zu erkennen oder doch zu vermuten: Verkündigung an Maria, die thronende Madonna mit den anbetenden Königen, die Beschneidung im Tempel, sodann die Flucht nach Ägypten und die Taufe Jesu. Auch hier wie in Middels eine starke Bewegung in den Abläufen der Szenen, dazu aber meisterhaft gestaltete Körperformen und Gewandfalten.

Dem späten Mittelalter gelang es, sich nach und nach von den Relikten der vorchristlichen Dämonenwelt zu lösen. Der nun schon als Bronzeguß gefertigte Taufkessel zeigt anstelle der Löwenkörper vier schlanke Trägerfiguren, Heilige oder auch Ritter darstellend. Von den sechs Taufbecken dieser Art (Groothusen, Uttum, Esens, Eilsum, Pilsum und Wiegboldsbur) entstanden allein fünf in der Werkstatt der bekannten Bremer Familie Klinghe, die außer diesem Taufgerät auch zahlreiche Glocken goß. Die Wandungen der eleganten Bronzekessel boten sich überall für die Darstellung von Aposteln, Heiligenfiguren oder auch von Szenen aus dem Leben Jesu an. Den oberen und auch den unteren Rand begleiten Sinnsprüche oder Stiftungsinschriften in schönen gotischen Minuskeln.

Nur ganz vereinzelt war in späterer Zeit die Notwendigkeit gegeben, neues Taufgerät für die Kirchen zu beschaffen. Der im Jahre 1669 für die reformierte Gemeinde von Hinte angefertigte Stein mit seinen eleganten Renaissanceformen – Zahnschnitt und Kanneluren an der Kuppa, zierliche Voluten – verweist auf eine Werkstatt in Emden oder in den Niederlanden.

Wenn ebenfalls in nur ganz wenigen Beispielen, so finden wir aber auch den Stil des Barock an einigen Taufgeräten sichtbar gemacht, so in Burhafe und Etzel. Von äußerst eleganter Erscheinung dann die gleich gestalteten Stücke in Wittmund (1777) und Werdum. Dort erhebt sich über einem wulstförmig vorgewölbten Sockel das nach oben stark eingezogene dreieckige Mittelteil, welches den gefällig geschwungenen Deckel trägt. Die gebrochenen Ecken bedeckt mit Blattgold überzogener Schmuck, dessen Details der Zeitmode folgend Rokoko-Elemente enthalten.

*Von der Evolution des Taufsteins in Ostfriesland zeugen die Exemplare in Hage (oben) und Leer (unten). Vertraute Ornamentik bildet in beiden Fällen den Schmuck, doch während der Hager noch zur frühen Granitsteinproduktion aus Bentheim gehört, sind Blätter, Blumen und Kreuze in Leer ersichtlich zu höherer Reife verfeinert worden. Typisch für die alten „Bentheimer" Taufsteine, von denen es übrigens drei Dutzend in Ostfriesland gibt: Von den vier Ecken der Bodenplatte erheben sich löwenartige Fabeltiere, die sich mit ihrer Brust und den Vorderläufen an den Schaft drücken und das Haupt mit dem dräuenden Rachen nach außen wenden.*

## *Die Kanzel*

# Erhöhter Ort fürs hohe Wort

Die Entstehung der Kanzel (von lat. cancelli = „Schranken“) in der altchristlichen Basilika entsprach einem durchaus praktischen Erfordernis, der Bereitstellung einer aus optischen und akustischen Gründen erhöhten Plattform für die Wortverkündigung nämlich. Von der durch Chorschranken abgesonderten Lesebühne („ambo“) in der frühen Christenheit vollzog sich eine formale Entwicklung zunächst zum sogenannten Lettner – „Lectorium“ – des 13. Jahrhunderts, dem liturgischen Standort der Lesung und auch bereits der Predigt.

Kleinere Kirchen werden sich aber mit Predigtstühlen in Holzkonstruktion abgefunden haben, aus welchen nun – in Ostfriesland wohl erst vom 15. Jahrhundert an – unsere Kanzel hervorging. Die ältesten erhaltenen Beispiele jedenfalls gehen kaum

*Ein sinnlicher Genuß vor kahler Kirchenwand: die wunderschöne Kanzel von Buttforde ist biblisches und nachreformatorisches Bilderbuch in einem.*

*Elegant modellierte Frauenreliefs: die Kanzel von Eilsum, ein Werk des niederländischen Künstlers Struiwig, gehört zu den schönsten in Ostfriesland. Gestiftet wurde sie von der adligen Familie van Starkenborgh.*

über das frühe 16. Jahrhundert zurück.

Nur die schöne Kanzel in Westerholt erscheint noch im Schmucke des typischen sogenannten spätgotischen Faltwerks. Im übrigen entstanden die ältesten ostfriesischen Kanzeln, so in Uttum (1580), Canum (1573), Simonswolde (1598) sowie besonders ausgeprägt in der großen Kirche von Leer (1609), schon in den gängigen, ebenfalls der Architektur entlehnten Stilformen der Renaissance.

An diesen frühen, polygonal gebrochenen Kanzelkörben erscheinen zunächst lediglich kannelierte Pilaster sowie halbrund geschlossene Blendarkaden, teils mit

*Auf vielen Kanzeln in Ostfriesland dreht sich alles Bildwerk um die vier Apostel. In Pewsum (oben und unten) ist das so, in Filsum (rechts*

*unten) erscheinen uns die Apostel auf eine naiv-verspielte Weise, in der Auricher Lambertikirche in höchster Kunstvollendung.*

Diamantornamenten, teils mit Beschlagwerk geschmückt. Bald treten wie bei den Altären an die Stelle dieser flachen Pilaster wie in Simonswolde dünne Säulen. In Leer stehen die mit ionischen Kapitellen gekrönten kannelierten Säulen bereits vollplastisch vor dem Kanzelkorb.

Die fortschreitende Befreiung von diesem eher starren Architekturschema bringen nun die Rundbogenarkade im Kanzelpolygon sowie die figürliche Darstellung. Wie kein anderes Inventar im protestantischen Kirchenraum – den Altar eingeschlossen – bot sich nämlich dieser Ort der Verkündigung der reinen Lehre mit seinen rechteckigen, den Gläubigen zugewandten Polygonflächen zum Anbringen besonders bildnerischen Schmuckes an, vorzugsweise mit der Darstellung von Propheten und Evangelisten.

Die qualitätsvolle Kanzel in Engerhafe, 1636 von der Petkumer Häuptlingsfamilie gestiftet, enthält eben schon Rundbogenarkaden und die geschnitzten Figuren der vier Evangelisten von künstlerisch besonders hohem Wert. Den von einem reich verzierten Konsolgesims gekrönten Schalldeckel schmücken Engel mit ihren weit ausgebreiteten Flügeln sowie darüber, von Volutenkörpern getragen, die krönende Figur des auferstandenen Christus.

Deutliche Merkmale bereits des Barock trägt die 1692 gestiftete Kanzel aus der alten Lambertikirche zu Aurich, die bis 1961 Bestandteil des klassizistischen Architekturrahmens von C. B. Meyer war. Auf einer hohen Bodenstütze tragen stilisierte, bogenförmig gekrümmte Fabeltiere den in Sockel, Hauptzone und Abschlußfries gegliederten reich verzierten Kanzelkorb. Von korinthischen Säulen umrahmt, treten aus frühbarocken Bogenstellungen Moses mit den Gesetzestafeln und von links nach

rechts die Propheten Jeremia, Jesaja, Hesekiel und Daniel heraus. Die im Aufbau wie besonders in den Details erkennbare künstlerisch anspruchsvolle Arbeit verrät eine sichere Hand und hebt sich damit von manchen in dörflichen Werkstätten Ostfrieslands entstandenen Stücken ab.

Die nähere Betrachtung der Figuren auch an unseren Kanzelkörben legt eine ganz erhebliche Spannweite in deren künstlerischem Wert offen. Wir finden hier die rührend-einfältige Schnitzarbeit des tüchtigen Dorftischlers, dort aber als Stiftung vermögender Familien manch gestalterisch aufwendiges Werk eines auswärtigen Meisters. Einer sicheren Einordnung fügen sich auch bei den Kanzeln die Arbeiten der uns schon bei den Altären aufgefallenen Werkstatt Cröpelin aus Esens, wie wir sie unter anderem in den Kirchen von Arle, Marienhafe, Horsten und Ochtelbur vorfinden.

Unter fleißiger Nachahmung der gewundenen Säulen des italienischen Baumeisters Bernini sowie der Blendarkaden mit Evangelistenreliefs und zahlreichen Puttenköpfen entstanden reich gegliederte, barocke Kanzelkörbe mit wuchtigen Schalldeckeln. Typisch für die zweite Generation der Cröpelins ist die Kanzel in Victorbur, 1697 schon von Sohn Hinrich geschaffen. Die Sockelzone schmücken weit hervortretende Puttenköpfe, die gleichsam die Sockel für die gewundenen Säulen darstellen. Über diesen wieder geflügelte Putten und als Abschluß der mächtige Körper des Schalldeckels mit diagonal verlaufenden Rankenbrettern und aufgesetzten Schnitzfiguren. Als Kanzelaufgang ein ebenfalls reich verziertes Portal mit emporenartig angehobener Brücke.

Das ausgezeichnete Werk des niederländischen Künstlers Struiwig finden wir sodann in Eilsum. Der 1738 entstandene, hochbarocke Kanzelkorb, eine Stiftung der adligen Familie van Starkenborgh, verläßt nun völlig die überkommene Aufteilung in Säulen und Blendarkaden. Ein kräftiger konvexer Sockel trägt den von reich geschmückten Pilastern gegliederten Korb, dessen figürlicher Schmuck auch nicht mehr die Evangelisten, sondern vielmehr elegant modellierte Frauenreliefs als Kardinalstugenden darstellt.

*Der gar nicht so seltene Fall, daß die Kanzel stärker beeindruckt als der Rest der Kirche: die weiße Kanzel von Wirdum mit ihrer schweren und doch filigranen Schalldecke.*

Auch hier also werden die neu erkannten humanistischen Ideale der Aufklärung augenfällig sichtbar gemacht, ebenso wie an der ehemaligen Kanzel in Reepsholt, die heute neben dem Altar abgesetzt steht. Offenbar erschien diese der Kirchengemeinde nicht ganz geheuer und allzu weltlich: 1845 wurde eine neue Kanzel geordert, die nun wieder die alten barocken Elemente der Cröpelinschen Werkstatt aufweist. Aber auch

# Die Kanzel

die bewegt schäumenden Wogen des lebensbejahenden Barock begannen sich schon im 18. Jahrhundert zu glätten, wie wir dies an der einheitlichen Innenausstattung der Kirche in Carolinensiel von 1776 ablesen können. Dort nämlich weicht der figurenreiche Aufbau mit seinen gewundenen Säulen und dem lebhaften Rankenwerk einer zurückhaltenden, straffen Architektur mit deutlich sichtbaren Anklängen an die Stilformen des Klassizismus.

*Das Schmuckstück einer kleinen Dorfkirche: die von klassizistischem Zierat geprägte Kanzel von Holtrop.*

Diesem selbst gelang es aber kaum, da der Bedarf nicht mehr gegeben war, sich im Kanzelbau zu verwirklichen. Mit einer Ausnahme freilich. In den Jahren 1812/1814 entstand in Aurich wiederum nach durchgehend einheitlichem Entwurf die reformierte Kirche in den zwar straffen, aber zugleich pathetischen Formen des ausgereiften Klassizismus. Und von sparsamer, äußerst eleganter Gestaltung dort auch der halbrund geführte klassizistische Kanzelkorb mit seinen schmalen, vergoldeten Pilastern und dem sorgfältig in seinem Volumen abgestimmten Schalldeckel.

Mehr und mehr aus ihrer Zweitrangigkeit und in den Vordergrund rücken heute auch diejenigen sakralen Neubauten, denen gotische Elemente als Vorbild dienten. Um so mehr, als auch dort der Bau selber mit der gleichzeitigen Ausstattung des Innern stilistisch eine Einheit bildet. In der 1907 fertiggestellten Kirche von Marcardsmoor etwa finden wir an den Ecken der Kanzel anstelle von Säulen oder Pilastern zweimal abgestufte Strebepfeiler. Auch wenn diese hier tektonisch gänzlich fehl am Platze sind – sie haben statisch keine Bedeutung –, waren sie Bauleuten und Handwerkern als gängige Schmuckelemente willkommen.

Wie wir dies schon bei der Betrachtung der Altäre sahen, verzichtet die Gegenwart im Kanzelbau fast gänzlich auf modernen oder auch in der Tradition stehenden Schmuck. Die Kanzeln unserer Tage – etwas anderes ist auch schwerlich zu erwarten – folgen vielmehr ausschließlich zeitgemäßen architektonischen Gestaltungsprinzipien, in der Regel mit einer Betonung tektonischer Vorstellungen. Sie sind das Produkt subjektiver Überlegungen ihrer Architekten, entstehen frei von gestalterischen Bindungen und sind von Vortrags- und Lesepulten der profanen Innenarchitektur allenfalls durch ihre beigegebenen Kultsymbole zu unterscheiden.

# Die schönste Madonna im ganzen Land

Es überrascht nicht, daß Ostfriesland arm an sakralen Bildwerken aus Stein ist. Wenn diese auch den Zerstörungen im Zuge der Reformation weit mehr Widerstand boten als Holzplastiken, so ist doch der Umstand

bedeutsam, daß die protestantische Lehre auf die Schaffung von Heiligenfiguren gänzlich verzichten konnte.

Um so mehr verdienen also die wenigen Bildwerke aus dem Mittelalter unser Interesse, zumal sie auch nicht ohne nachhaltigen Einfluß auf die – meistenteils späteren – Holzbildwerke, aber auch auf Reliefs an Taufsteinen und mancherlei Bauplastik blieben.

Eine Region, die auf einheimischen Naturstein gänzlich verzichten muß und ausschließlich auf Importe angewiesen ist, wird auch mit Steinbildwerken sparsam umzugehen haben. Es bleibt also auch nicht aus, daß sich das Auftreten der Bauplastik auf die wenigen Kirchen von besonders herausragender Bedeutung beschränkt. Einen dieser Bauten erblickten wir in der einst gewaltigen Basilika von Marienhafe. Mit ihrem beklagenswerten Teilabbruch im Jahre 1829 gingen nicht nur die Ostteile für immer verloren, sondern auch der weitaus größte Teil ihrer reichen Bauplastik. Damals schmückten zunächst über 40 nahezu lebensgroße, in Nischen gesetzte Statuen die Quer-

*Mariendarstellungen blieben in den ostfriesischen Kirchen generell auf das Mittelalter beschränkt. Eine Szene mit den Heiligen Drei Königen am spätgotischen Altar von Buttforde enthält eine Marienfigur, die von Kennern für die schönste in Ostfriesland gehalten wird. Bemerkenswert aber auch einige neuzeitliche Geburtsszenen mit der Muttergottes in Etzel (oben) und Engerhafe. Aus dem 15. Jahrhundert stammt die „Madonna im Strahlenkranz" in Bagband.*

*Kirche als Gesamtkunstwerk: in Filsum hat, ob Taufe oder Altarflügel, jedes Einzelstück seinen Reiz, aber erst als Ensemble entfalten sie ihre volle Wirkung.*

schiffe. Ein Bilderfries aus 124 Reliefplatten mit Spottbildern, Reiterkämpfen, Drolerien und Szenen aus der Fabel um Reineke Voss lief um die Mauerkrone des Schiffes. Und die Innenseite der Westvorhalle überzog ebenfalls reicher plastischer Schmuck, heute freilich bis zur Unkenntlichkeit verwittert.

Unter den geretteten Stücken befindet sich der Torso eines Kriegers sowie die eindrucksvolle Gewandfigur Christi im Erdgeschoß des Westturms. Die Füße der breitbeinig und frontal gesehenen Figur ruhen auf einem nach vorne abgeschrägten Sockel, die linke Hand ist zum Predigtgestus erhoben, während die rechte ein Buch, das Evangelium, hält. Das faltenlose Gesicht wird von lang herabhängendem, in der Mitte gescheiteltem, glattem Haar umrahmt. Der Mantel ist unter dem rechten Arm in zügigen Kurvenfalten herumgeführt. Ein Zipfel ist über den linken Unterarm geworfen und fällt mit scharfkantigem Zickzacksaum herab. Das Untergewand bildet wulstige Steilfalten, die an den Füßen aufbrechen und einen Schlängelsaum bilden.

Von überregionaler kunsthistorischer Bedeutung auch die – teilweise nur rudimentär – erhalten gebliebenen insgesamt acht Steinbildwerke

im Chorumgang der Norder Ludgerikirche, die bis zu ihrer Bergung im Jahre 1957, in luftiger Höhe schwebend, die beiden Blendgiebel des Querschiffs schmückten. Sie waren bei ihrer ersten Aufstellung zwar Bestandteil eines geschlossenen Figurenzyklus, zeigen aber bei genauerer Betrachtung ihrer tektonischen und stilistischen Elemente erhebliche Abweichungen untereinander. Äußerst langgestreckt, die Körperproportionen mißachtend und noch

gänzlich statuarisch aufgefaßt zunächst die weibliche Figur mit grüßend-abwehrend flach vor die Brust gelegter rechter Hand und einem Buch in der linken. Von unverwechselbarer adliger Schönheit das Gesicht, mit dem Anflug eines Lächelns, aber gesammelt und von zurückhaltender Ergebung. In lebhaft ausschreitender Bewegung begriffen dann eine andere weibliche Figur, von welcher der Kopf abgeschlagen ist. Das rechte Bein ist mit kräftigem

*Flügel und Mittelteil des Altars von Filsum stammen aus dem späten Mittelalter, das Bild selbst ist jedoch später verändert worden. Links eine Marienklage aus Weene in bäuerisch-derber Darstellung.*

# Bildwerke

*Die Arbeit eines zweifellos guten Dorfschreiners – das von einer gewissen Starrheit geprägte Engelsgesicht an der Kanzel von Campen. Handwerklicher Art sind auch die reich geschmückten Gestühlswangen in Buttforde (unten). Eleganter dagegen die Figur des Jesaja an der Auricher Lambertikanzel.*

Schritt vor das linke Standbein gesetzt, der rechte Arm erhoben und vor die Brust gelegt. Die ikonografisch festgeschriebene und auch hier deutlich erkennbare typische Haltung beider Figuren weisen sie als Maria und den Engel einer Verkündigungsgruppe aus.

Wir können diese auf die nordfranzösische Kathedralplastik zurückgreifenden Bildwerke in die Zeit um 1240/60 setzen und als einstigen Bestandteil der Norder Andreaskirche ansehen.

Deutlich älter als das gotische Norder Querschiff ist ein über seinem Nordportal eingelassener figuraler Türsturz. Wir erkennen unschwer zunächst als zentrale, in einen Spitzbogen gesetzte Sitzfigur Maria mit dem Jesusknaben auf ihrem linken Knie und rechts daneben die Heiligen Drei Könige mit den Gaben in ihren Händen. Die sitzende Gestalt zur Linken Marias stellt Josef dar und neben diesem einen Heiligen, der in seiner rechten Hand ein kleines Kreuz

hält: aller Wahrscheinlichkeit nach Andreas, der Norder Stadtpatron. Körperhaltung und Gewandschnitt bezeugen eine sichere und gestalterisch versierte Künstlerhand.

Von dieser ist ein ähnlicher, aber grob gehauener Stein, das Tympanon von Larrelt, weit entfernt. Schon um 1200 entstanden, stellt es auch eine überwiegend weltliche Szene dar, nämlich Ippo, den Bauherrn der Kirche, sowie den Baumeister Ludbrud, beide auf Holzstühlen sitzend.

Es ist ein glücklich zu nennender Umstand, daß sich alleine in Ostfriesland noch rund 30 mittelalterliche Holzbildwerke erhalten haben, die uns fast alle noch in den Kirchen entgegentreten. Es mögen aber zum Ausgang des Mittelalters derer 150, 200 oder noch mehr gewesen sein. Die auffällige Dichte der Bildwerke im Harlingerland (17 Stück) sowie in den

*Eine einmalige Erscheinung unter den Altären in Ostfriesland ist der Aufsatz in Esens. Dort erscheint der Gekreuzigte in wörtlicher Auslegung einer Textstelle im Neuen Testament von üppig verschlungenen Weinranken umrahmt. In hingebungsvoller Gebärde Maria zu seiner Rechten und voller Schmerz der Lieblingsjünger Johannes (Details oben und unten).*

anderen lutherischen Kirchengemeinden läßt auf eine, wie wir schon wissen, theologisch begründete hohe Verlustquote des reformierten Landesteiles schließen. Rechnen wir also selbst in einem spekulativen Zahlenspiel auch für die heute reformierten Kirchen den gleichen Bestand und weiter für jedes der 28 Klöster auch nur drei bis fünf Plastiken, so ist die oben genannte Zahl sicher nicht unbegründet. Dabei liegt es auf der Hand, daß ältere Stücke seltener sind; tatsächlich stammt der Großteil aus dem 15. Jahrhundert.

Das kleine, auf steiler Wurt erst im 14. Jahrhundert gegründete Kirchlein von Funnix im Harlingerland barg noch kurz nach dem letzten Krieg nicht weniger als neun Bildwerke. Da

In Asel hängt von der Decke herab die pausbäckige, wohlgenährte Figur eines Taufengels, der zur Aufnahme der Taufschale ein rotes Kissen in Händen hält – eine modisch-barocke Verniedlichung der erhabenen Engelsgestalt als Bote Gottes. Die fleißige Werkstatt der Familie Cröpelin in Esens belieferte neben zahlreichen anderen Kirchen auch die von Wiesens. Das Altarbild (rechts unten) zeigt in lebhaften Reliefs die – nur acht – Jünger mit ihrem Herrn beim Abendmahl. Diese bewegte Szene ist überdeckt von einer knappen Draperie und eingefaßt in schönes barockes Rankenwerk.

hiervon einige älter als die Kirche sind – ein Vorgängerbau scheidet hier aus –, und da ferner andere wiederum eine überdurchschnittlich hohe Qualität aufweisen, muß diese Plastiken doch wohl im 16. oder 17. Jahrhundert ein kunstsinniger oder pietätvoller Ortspfarrer aufgesammelt haben.

Wir finden hier die wohl schönste Sitzmadonna des Landes, dazu eine stehende Maria (?) noch aus der ersten Hälfte des 13. Jahrhunderts – zur Zeit im Landesmuseum Emden – sowie gleich zwei (!) Plastikgruppen mit Anna, Maria und dem Jesuskind („Anna Selbdritt“).

Diese beiden stammen aus dem späten 15. Jahrhundert, sind aber stilkritisch gesehen von durchaus unterschiedlicher Qualität, womit ein weiteres Indiz für die Annahme einer Sammeltätigkeit in Funnix gegeben ist.

Ein Gleiches könnte auch für die Kirche in Buttforde gelten, wo wir, neben einer thronenden Muttergottes, aus dem 14. Jahrhundert Maria auf der Mondsichel sowie eine Marienklage aus dem späten 15. Jahrhundert vorfinden. Die älteste Kirche Ostfrieslands hingegen, die Tuffkirche in Stedesdorf aus dem 12. Jahrhundert, eine bedeutende Sendkirche zugleich, bewahrt neben einer Pietà lediglich die Plastiken von Maria und Johannes dem Täufer auf – und beide erst aus dem frühen 16. Jahrhundert.

Auch im südlich anschließenden Auricherland blieben zahlreiche Stücke aus dem Mittelalter erhalten. Wurde hier der Aufforderung der Landesherrin zur Beseitigung der „papistischen Greuel“ ein stärkerer Widerstand der Gläubigen entgegengesetzt? (Für das Harlingerland, damals noch nicht zu ihrem Herrschaftsbereich gehörend, galt diese Weisung ohnehin nicht.)

Und hier wiederum eine unbedeutende Pfarrkirche aus der Zeit um 1300, nämlich Bangstede, mit einem großen Schatz an mittelalterlicher Holzplastik: ein Kruzifix noch aus dem 13. Jahrhundert, eine Muttergottes, Anna Selbdritt, St. Georg mit dem Drachen, dann sogar die qualitätsvolle Plastik eines Bischofs (!) und schließlich ebenfalls noch aus dem 13. Jahrhundert ein seltener Reliquienschrein aus Holzbrettern. – Von den fünf Triumphkreuzgruppen schließlich finden wir alleine deren vier ebenfalls im Auricherland, nämlich in Strackholt, Middels, in Holtrop und in Bagband, wo außerdem von der Holzdecke des Schiffes die Doppelfigur einer sogenannten Madonna im Strahlenkranz herabschwebt.

*Das prachtvolle Glasfenster am Querschiff von St. Liudger in Norden entstand, wie seine Inschrift verrät, erst im Jahre 1883.*

Angesichts der ursprünglich ganz gewiß großen Zahl von Einzelbildwerken – und auch von Altarschreinen – ist die Frage von Bedeutung, ob ein Teil dieser Stücke vielleicht aus einer ostfriesischen oder Oldenburger Werkstatt hervorgegangen sei. Eine solche ist uns bislang nicht nachgewiesen worden. Die recht unterschiedliche Qualität der Plastiken, vor allem aber die weiter oben näher dargelegte hohe Verlustquote steht einer stilkritischen Betrachtung über Werkstattzusammenhänge hindernd im Wege. Wir werden aber allenfalls Werkstätten in Bremen, in Osnabrück oder am Niederrhein annehmen dürfen.

# Gold, Silber und die Freude am Schmuck

*Spätestens nach Beendigung des 30jährigen Krieges (1648) begann man auch in Ostfriesland, das Innere der Kirchen zu erleuchten. So wurden im 17. und noch im 18. Jahrhundert kunstvoll verzierte Kronleuchter beschafft, von denen viele durch phantasievolle Figuren belebt waren. Diese hier findet sich in Arle.*

Eine Hauptrolle unter den kirchlichen Geräten, weil unentbehrlich für die sonntägliche Messe, spielte neben dem Oblatenteller der Abendmahlskelch. Entsprechend seiner hohen liturgischen Bedeutung – Aufnahme des Blutes Christi –, war er nach den strengen Vorschriften der Katholischen Kirche jedenfalls seit dem hohen Mittelalter ausschließlich aus Edelmetall hergestellt oder wenigstens mit Gold- oder Silberauflage versehen. Für weniger begüterte Gemeinden sind im Mittelalter in Ausnahmefällen auch liturgische Geräte aus Bronze, Glas oder gar Holz nachgewiesen worden.

Von den Schätzen an Gold- und Silbergerät selbst in Ostfriesland haben wir heute schlechthin keine Vorstellung mehr. Denn auch hier setzte sich in bewährter landesväterlicher Eigenvollmacht um 1530 der ostfriesische Graf Enno II. in den Besitz zahlreicher Kelche, Patenen, kostbarer Monstranzen, Abendmahlskannen, Leuchter und anderen Kirchengeräts. Da auch die reformierten Nachfolgegemeinden nach Anweisung ihrer geistlichen Führer auf jeglichen Luxus, also auch auf wertvolles Abendmahlsgerät zu verzichten und sich von diesem zu trennen hatten, müssen wir heute mit ganz wenigen mittelalterlichen Stücken vorliebnehmen.

Von dem großen Ansehen und von der künstlerischen wie handwerklichen Fertigkeit einheimischer Gold- und Silberschmiede aber zeugt später so manches prächtige Stück ostfriesischer Meister bis hinein in das 19. Jahrhundert.

Aus dem kleinen lutherischen Kirchlein Amdorf bei Leer (1769) stammt der älteste Kelch Ostfrieslands, ein noch reichlich gedrungenes, in der üblichen Bauart mit Kuppa und Nodus (flacher Knauf am Schaft) gefertigtes Abendmahlsgerät aus der Zeit um 1300. Auf Blattverzierungen am Fuß, wie sie in der Spätromanik überall Verwendung fanden, erscheinen sieben Engelsköpfchen; Engelsfiguren zieren auch den Nodus.

Von schlanker, gestreckter Gestalt sowie reich verziert präsentiert sich der Kelch von Nesse – laut Gravur 1470 hergestellt, 22 Zentimeter hoch. Den in sechs halbrunden Schwüngen auslaufenden Fuß hat der Meister mit figuralen Gravuren, die Ränder aber mit gotischen Minuskeln verziert, wogegen die Kuppa, wie allgemein üblich, völlig glatt blieb. Der Nodus erscheint nicht mehr rund, sondern erhielt diamantartig hervortretende Rhomben mit den Buchstaben o e l e h i, deren Deutung den Fachleuten bis zum heutigen Tage reichlich Kopfschmerzen bereitet.

Auch der noch 1535 für die Kirchengemeinde in Osteel gefertigte Kelch ist als gotisch zu bezeichnen: Den unteren Teil seines Schaftes zieren sechs hübsche Fialen, begehrte Schmuckelemente der Gotik. Schon gänzlich im Fahrwasser der Renaissance und eben in einem ganz anderen Aufbau ist der vor 1660 vom Norder Meister Ulfert Kramer für Greetsiel hergestellte silbervergoldete Kelch. An die Stelle der deutlich voneinander geschiedenen Elemente Fuß, Schaft mit Nodus und Kuppa aus dem Mittelalter finden wir hier Fuß und Schaft in mehrere Zonen unterteilt und reichlich mit typischen Schmuckelementen wie Früchten, Löwen, Frauenköpfen und männlichen Figuren besetzt.

Weiter gesteigert ist die lebensbejahende Schmuckfreudigkeit der Renaissance an dem um 1600 von einem Nürnberger für Logabirum geschaffenen, hier auch schon 30 Zentimeter hohen Prunkpokal. Die Kuppa mit ihrem birnenförmigen Zuschnitt ist erheblich vergrößert und mit bukkelartigen Ausbeulungen besetzt, der

Fuß ebenfalls mehrfach abgesetzt. In den üppigen, nun auch einen Teil der Kuppa überziehenden Schmuckelementen des Barock dann der 1730 von einem einheimischen Meister gefertigte Kelch für die katholische Gemeinde in Leer. Der Nodus ist hier zu einem flachen Wulstkörper geschrumpft, trägt aber eine weitere, ebenfalls reich verzierte Schwellung des Schaftes.

Der schöne, 17 Zentimeter hohe, 1592 für Wirdum geschaffene Becher enthält neben den Namen der Stifter auch deren Hausmarken.

Ganz besonders augenfällig finden wir die jeweils geltenden Stilgesetze auch an den Abendmahlskannen angewandt. In den noch reichlich starren Formen des Frühbarock eine solche Kanne, um 1700 vom Auricher Goldschmied Johann Peters für die hiesige Kirche hergestellt. In spätbarocken Schwüngen dann die bescheidene und auch aus Zinn 1777 gefertigte Kanne für die Kirche in Suurhusen. Die für die Leeraner lutherische Gemeinde 1812 geschaffene Kanne schließlich von der uns schon bekannten vornehmen Zurückhaltung des Klassizismus.

Auch so manches weniger bedeutende Ausstattungsstück verdient unser Interesse, da es Einblick in kirchliche Sitten und Gebräuche früherer Zeiten vermittelt. Mit der Einführung von Gesangbüchern lange nach der Reformation ergab sich die Notwendigkeit, das Innere der Kirchen noch mehr aufzuhellen, also größere Kerzenträger zu beschaffen. Immer noch ungenügende Ausleuchtung beim Gottesdienst, die Notwendigkeit kostspieliger Reparaturen und vielleicht auch das lästige Reinigen und Warten mögen Gründe für die Entfernung manch schöner barocker Kronleuchter im Innern unserer Kirchen gewesen sein.

Glücklicherweise blieben aber im Schiff vieler Kirchenräume die sorgfältig gepflegten und teilweise noch mit Talgkerzen bestückten, tief herabhängenden Kronleuchter erhalten (Aurich, Bagband, Holtrop, Marienhafe, Engerhafe, Weene, Pewsum, Groothusen, Nesse, Reepsholt u. a.).

Einige, wie die Stücke etwa in Reepsholt und Norden, sind in der Art der sogenannten flämischen Kronen gefertigt. Die Barockleuchter erscheinen generell in dem gleichen Aufbau: Der kräftige Balusterstab erhielt an seinem oberen Ende zumeist figurale Zierköpfe und unten eine kräftige Kugel, auf der in der Regel der Name des Stifters oder auch andere Schriftzüge eingraviert sind. In kühnem S-Schwung lösen sich dann vom Mittelstab in einer oder auch in mehreren Ebenen die durch Rankenwerk aller Art geschmückten Kerzenarme mit ihren breiten Tellern und den Kerzenhaltern selbst. Daß man sich in früheren Zeiten sehr wohl auch mit ganz schlichten Geräten zu behelfen wußte, belegen schließlich die für Etzel angefertigten handwerklich ansprechenden Wand- und Hängeleuchten aus Holz.

Zu allen Zeiten war der sonntägliche Kirchgang mit einer nicht immer populären, dabei aber durchaus notwendigen Sitte verbunden, der Geldkollekte zugunsten verschiedener Einrichtungen nämlich. Bis zur erneuten Eingliederung Ostfrieslands an Preußen 1866 oblag den Kirchenbehörden auch die Armenpflege, wozu unter anderem allsonntäglich im Gottesdienst gesammelt werden mußte. So werden noch heute in manchen Kirchen neben alten „Klingelbeuteln" auch die Opferstöcke, wuchtige, oft materialgerecht verzierte und von breiten Eisenbändern gesicherte Holzbehälter, aufbewahrt.

Im protestantischen Norden Deutschlands sind verständlicherweise Votivgaben weniger geläufig. Es finden sich aber in küstennahen Kirchen (Carolinensiel, Mittegroßefehn, Werdum, Westeraccum) entweder von der Decke herabhängende oder auch auf einen Sockel gesetzte, getreu der Wirklichkeit nachgearbeitete Schiffsmodelle, von Seeleuten in ihrer Freizeit oder im Ruhestand hergestellt und der Kirchengemeinde gestiftet.

Manches Silbergerät überstand die turbulenten Reformationsjahre – und manches konnte später wiederbeschafft werden; so auch das wohlgeformte Exemplar in Aurich. Von der Armenpflege zeugt hingegen der Opferstock in Pewsum (unten), der 1609 gebaut wurde.

# Und es standen Zeichen an der Wand

Bilder, die unser moderner Verstand nicht erschöpfend zu deuten weiß: primitiv gemalte Jagdszenen in der Kirche von Campen (oben), daneben elegantes Rankenwerk im Gewölbescheitel von Eilsum.

Die Verlustquote ornamentaler und figürlicher Wand- und Gewölbemalereien aus dem Mittelalter in den Kirchen mag nur um einiges geringer sein als die weiter oben angesetzte Quote bei den Holzbildwerken. Mit einem wesentlichen Unterschied freilich. Müssen diese als endgültig verloren gelten, so wissen wir doch, daß in unseren Kirchen größere Wandflä-

chen von Ausmalungen geschmückt wurden, die heute noch durch Tüncheschichten überdeckt sind, wie etwa für Stapelmoor, Pilsum und Nesse bekannt. So tauchen im Verlauf größerer Reparaturarbeiten in den Kirchenräumen mehr und mehr solcher ornamentaler oder auch figürlicher Malereien auf, die zusammen mit der beträchtlichen Zahl bereits bekannter Bildwerke in Grenzen auch stilistische und ikonografische Aussagen erlauben.

Unsere mittelalterlichen Kirchen werden ursprünglich bis auf wenige Ausnahmen im Innern über alle Wand- und Gewölbeflächen mit einem weißen Putzauftrag oder auch mit einer Schlämme versehen gewesen sein, wie sich dies nicht nur in Ostfriesland, sondern auch im

*Die mittelalterliche Kirche von Eilsum weicht schon mit ihrem Ostchorturm entscheidend vom Grundrißschema ostfriesischen Kirchenbaus ab. Im Dämmerlicht ihrer Ostapsis erscheint ein weiteres Kuriosum: die „Majestas Domini“, eine Darstellung des als Herr der Christenheit frontal thronenden Christus der Apokalypse. Ob diese Bilder jemals wieder freigelegt und erhalten werden? Rund 200 Jahre jüngeren Datums sind die beiden Bischöfe vom Chorgewölbe in Petkum (unten). Kein Wunder also, daß sich die alten Herren noch eines recht zufriedenstellenden Zustandes erfreuen.*

*Üppig-bäuerische Dekorationsmuster in Campen (oben), elegante Formen im Gewölbescheitel von Stapelmoor (rechts).*

angrenzenden Groningerland nachweisen läßt. Die besonders markanten tektonischen Architekturglieder wie Portal- und Fenstergewände, Apsisbögen, später auch Gewölbedienste und -rippen erhielten bei vielen Kirchen – teilweise nachweisbar schon zu deren Bauzeit – begleitenden ornamentalen Schmuck, wie Fugenstriche, Steinimitationen, diagonal gesetzte Bänder, sodann Rankenwerk aller Art in den damals üblichen Naturfarben Anthrazit, Grün, Rotbraun und Hellrot.

Dabei haben wir frühe, kompakte Dekorationselemente – etwa die romanische Weinranke des 13. Jahrhunderts in Eilsum – zu unterscheiden von den scheinbar flüchtig und mit lockerem Pinselstrich aufgetragenen Zweig- und Blütenwerken des späten Mittelalters, wie dies besonders deutlich die Gewölbemalereien in Norden, Pilsum, Nesse, Buttforde und Remels aufweisen.

Neben dieser zunächst auf die Architekturglieder beschränkten Dekoration treten etwa um 1300 nun

auch flächendeckende Muster auf, wie wir sie in Stapelmoor als Fliesen-, Ziegel- und Fischgrätenmuster vorfinden. Ganz besonders ausgeprägt erscheint diese Gewölbemalerei in Campen, wo das äußerst lebhaft schon durch Zierrippen aufgegliederte Gewölbe noch weiter von bunt wirkenden und unbekümmert aufgetragenen Flecht-, Fliesen- und Fischgrätenornamenten überdeckt ist. Mit Campen freilich wird dieser flächendeckenden und kompakten Ausmalung, die im übrigen auch recht archaisch wirkende, plumpe Tierfiguren enthält, endgültig ein Ende gesetzt.

Dafür taucht, wie erwähnt, reichlich anderthalb Jahrhunderte später die andersgeartete Flächendekoration auf. Auch diese für die Spätgotik typische Schmuckform brach dann mit dem Ausgang des Mittelalters ab.

Nur in ganz wenigen Beispielen blieben uns figürliche Raumausmalungen noch aus dem 13. Jahrhundert erhalten. Dafür aber gleich ein bedeutendes Wandgemälde von vorzüglicher Qualität und hohem künstlerischem Rang – in der Ostapsis von Eilsum nämlich. Dort erscheinen in der unteren Zone die etwa lebensgroßen Standfiguren der zwölf Apostel, darüber aber der thronende Christus in der Mandorla, umgeben von den vier Evangelistensymbolen. Bedeutsam an diesem – leider nur in rudimentärer Form erhalten gebliebenen – Monumentalgemälde nicht nur die feingliedrig gehaltenen Körperformen, sondern ganz besonders das nervöse Spiel der Gewandfalten, wodurch auch Ostfriesland mit einem

seltenen Fresko des sogenannten Zakkenstils vertreten ist.

Erst das späte 15. Jahrhundert zeichnet sich wieder durch figürliche Wandmalereien aus, oftmals im Zusammenhang mit dem Neubau spätgotischer Chöre. Bemerkenswert ferner auch der Inhalt dieser großflächigen Malerei. Bis auf die nahezu

*200 Jahren liegen zwischen den alten Ausmalungen in Westerhusen (oben) mit einem Fragment des Jüngsten Gerichts und den schmucken Dekorationen in Leers Lutherkirche.*

Sieben lebhaft bemalte Gewölberippen vereinigen sich in Nordens Ludgerikirche zu einem Schlußstein, der als Wappen der Cirksena den Jungfrauenadler trägt (rechts). Weitaus ansehnlicher sind die schönen Blattranken, die sich im Gewölbescheitel von Stapelmoor finden.

unkenntlich gewordene Kreuztragung in Vellage und den Gnadenstuhl in Collinghorst fand damals nämlich die figurenreiche und drastische Darstellung des Jüngsten Gerichts das Interesse von Theologen und Künstlern. Bis heute kennen wir also die mehr oder weniger verstümmelt erhalten gebliebenen Szenen des Jüngsten Gerichts in den Kirchen von Hinte, Westerhusen, Norden und neuerdings in Pilsum und Nesse.

Beispielhaft für diese Zeit ist das noch einigermaßen vollständig bewahrte Gemälde in Norden. Wir finden hier Christus als Weltenrichter, frontal auf einem Regenbogen sitzend und die Füße auf die schwebende Erdkugel gestellt. Aus seinem Munde gehen nach Offenbarung Johannes 1, 16 ein Schwert als Zeichen des Gerichts und die Lilie der Barmherzigkeit. Zu seiner Rechten Maria und zur Linken Johannes in kniender Stellung sowie darunter drei Gestalten in Särgen, also am Jüngsten Tage Auferstehende. Ein wahrhaft majestätischer Vorgang von eindringlicher Dramatik, wenn auch mit recht beschränkten Gestaltungsmitteln und in schematischer Strichtechnik dargestellt.

Ebenfalls im Chor der Norder Ludgerikirche, im Sakramentshaus, finden wir für Ostfriesland ganz seltene spätmittelalterliche Engelsfiguren von beachtlicher Qualität vor. Dort also erscheinen im feierlichen Halbdunkel auf den Stein des Tabernakels aufgemalt vier Engelsgestalten von nahezu gleichem Aussehen. Sie stehen in spitz zulaufenden Schuhen auf einem perspektivisch korrekt gemalten Fußboden aus gelblichen und rötlichen Fliesen. Die weiße knöchellange Tunika mit einem runden Halsschmuck ist von einem reichverzierten, kostbaren Chormantel in roter Farbe überdeckt. Die rechte schlanke Hand hält ein nach vorn ausschwingendes Rauchfaß und die linke eine hohe brennende Kerze. Die Flügel laufen in spätmittelalterlicher Manier oben und besonders unten spitz zu. Von eng anliegendem Haar mit unten angesetzten Haarbeuteln gerahmt, erscheint in ernstem gesammeltem Ausdruck das Gesicht mit großen dunklen Augen.

Wir haben es hier nicht mit einem der üblichen Andachtsbilder unserer Kirchen zu tun, sondern vielmehr mit der Darstellung vier überirdischer Wächtergestalten, die unsichtbar für die Gläubigen Tag und Nacht in stiller Andacht Gott anbeten. Mit dem köstlichen Wohlgeruch des Weihrauches steigen ihre Gebete zu Gott auf, während die sich ständig verzehrende Kerze Christus, das „Licht der Welt“ darstellen soll.

*Grabmäler*

# Schöner Jüngling mit lockigem Haar

Kaum ein Stück der Ausstattung unserer Kirchen war in seiner äußeren Erscheinung wie auch in seinem Sinngehalt einem derart steten Wandel unterworfen wie das Grabmal. Seine Wurzeln reichen weit in die antike Welt zurück, wo der Verstorbene – entsprechend seiner gesellschaftlichen Stellung – im alten Ägypten gewaltige Pyramiden, in Griechenland besonders elegante Reliefstelen oder im römischen Imperium festungsartige Rundbauten erhielt. In der christlichen Welt ließen sich hohe Geistliche, Stifter und später auch die Angehörigen wohlhabender Familien zunächst in der Krypta und später im Kirchenraum selber bestatten. Ihrem Gedenken dienten schwere Sargdeckel aus Stein, im hohen Mittelalter mit idealisiertem Bildnis des Toten, später das prächtige Epitaph als Ehren- und Ruhmesmal und schließlich der schlichte Gedenkstein unserer Tage, seit dem 18. Jahrhundert außerhalb der Kirche auf dem Friedhof aufgestellt.

Die in einigen unserer Kirchen zumeist aufrecht an der Wand stehenden Grabplatten, deren Steinsärge zumeist nicht mehr vorhanden sind, gelangten schon im 11./12. Jahrhundert als Importware nach Ostfriesland. Allen gemeinsam ist der trapezförmige Zuschnitt, denn sie waren – ebenso wie der Steinsarg selbst – dem liegenden menschlichen Körper mit breiterer Schulter, aber schmaler Fußpartie nachgebildet. Bei einer Länge von 180 bis 240 Zentimeter schwankt die obere Breite zwischen 65 und 100 Zentimeter, die untere beträgt 40 bis 75 Zentimeter. Das Rohmaterial der heute noch etwa zwei Dutzend vorhandener Steine (weitere 70 bis 80 sind nachweisbar) stammt entweder aus dem mittleren Rheingebiet, dem Solling (roter Sandstein) oder aus den näher gelegenen Bentheimer Steinbrüchen (graugelbe Farbe).

Wir unterscheiden generell zwei Hauptgruppen: Steine mit lediglich

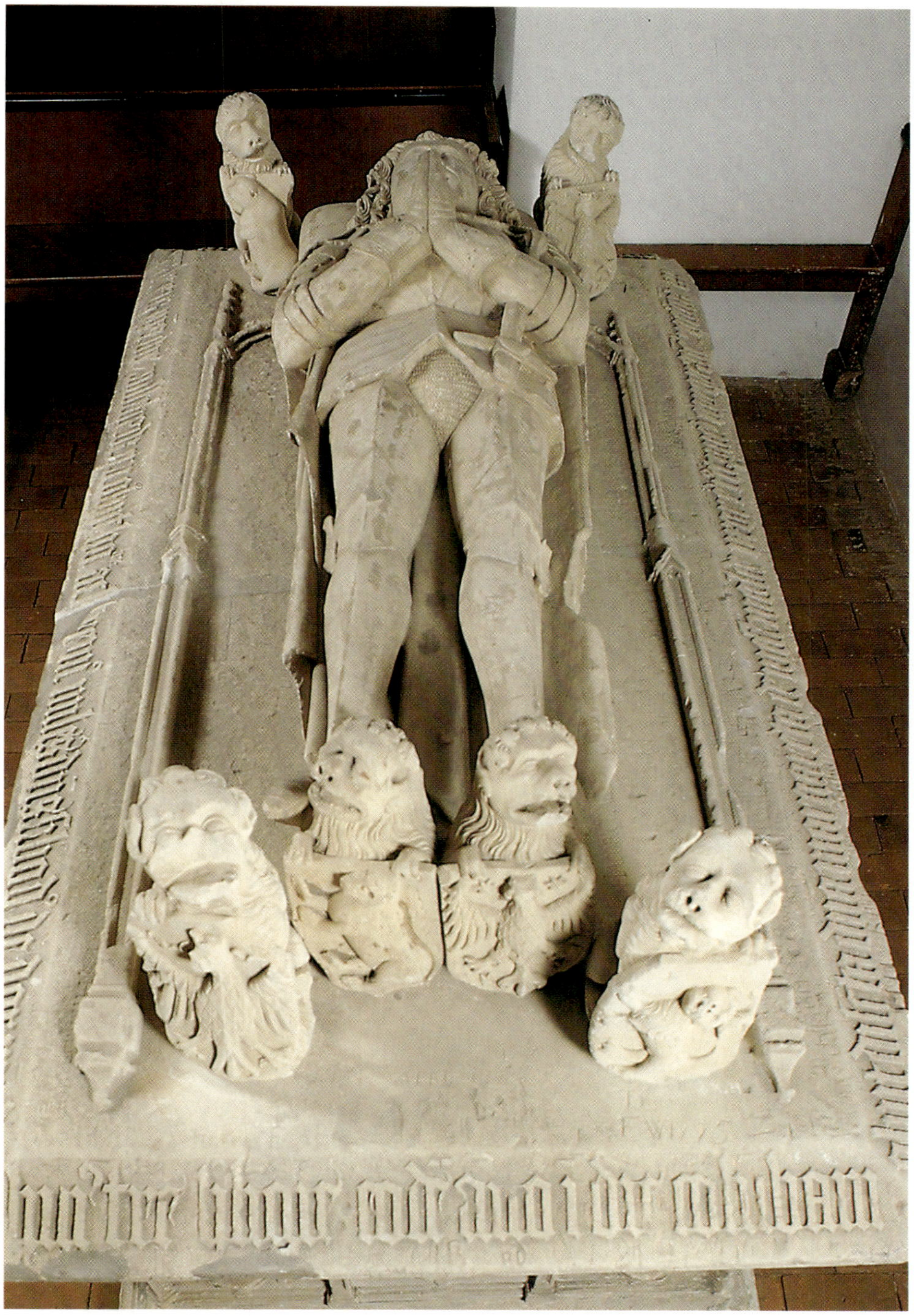

*In den Neubau der St. Magnuskirche von Esens verbrachte man neben anderen Stücken aus der alten Kirche die schöne spätgotische Tumba des 1473 verstorbenen Ritters Sibet Attena. Zu seinen Füßen halten vier Wappenlöwen für ihren Herrn die Wacht, während der Ritter selbst, einer Sitte der Zeit folgend, als jugendlicher Held mit künstlich gewelltem Haar dargestellt wurde.*

ornamentaler Verzierung und einige wenige jüngere mit figürlicher Darstellung, so in Ditzum, Simonswolde und Larrelt. Der vergleichsweise bescheidene ornamentale Typ sieht eine Randeinfassung vor, sodann einen stilisierten Grabhügel, von dem sich zwei seitliche Stäbe (Lebensbäume) mit spiralförmig eingerollten Enden erheben und einen kräftigen Stab in der Mitte mit dem dekorativen „Scheibenkreuz", das offenbar das germanische Sonnenrad mit dem christlichen Kreuz verbindet. Auch die Grabplatten mit – reichlich abstrahierter, grober – Darstellung des Verstorbenen erhielten einen verzierten Rahmen, hier und da mit dem in der Hochromanik beliebten Rankenfries. Von diesem allseitig eingefaßt, erscheint dann der voll bekleidete menschliche Körper mit Darstellung der Beine oder doch Füße und mit zur Brust erhobenen betenden Händen. Seltener – wie in Larrelt – zusätzlich noch die über den Kopf gesetzte Darstellung zweier Engel, welche die Seele des Toten zum Himmel tragen.

So bedeutend der Bestand an romanischen Grabplatten und auch an – teilweise bedeutenden – Särgen in Ostfriesland ist, so verschwindend wenig Stücke finden wir aus dem Zeitraum von der Mitte des 13. bis zum späten 15. Jahrhundert. Sieht man von dem in Hinte unter der Kanzeltreppe (!) liegenden Bildnisgrabstein mit der Jahreszahl 1440 ab, so bleibt aus dem genannten Zeitraum lediglich die in der Kirche von Esens stehende Tumba für den 1473 verstorbenen Ritter Sibet Attena. Auf einem mit spätgotischem Blendmaßwerk reich geschmückten Sarkophag ruht, eingerahmt von vier Löwen, die vollplastische Gestalt des Ritters in seiner Prunkrüstung. Von großartiger grafischer Wirkung die umlaufende Inschrift in erhaben gearbeiteten Minuskeln, sehr geschickt auf den abgeschrägten Rand der Deckelplatte gesetzt. Auffallend das jugendliche, von schulterlangem Lockenhaar gerahmte Gesicht des Verstorbenen. Es folgt der seit dem hohen Mittelalter gepflegten Sitte, die ideale, jugendliche Erscheinung des Toten darzustellen und nicht den Körper mit den Merkmalen seines Verfalls. (Nach einer vor allem im 13./14. Jahrhundert verbreiteten Auffassung galt es, den Verstorbenen im Todesalter Christi, also als 33jährigen abzubilden.)

Erst die zweite Hälfte des 16. Jahrhunderts brachte eine größere Zahl qualitätsvoller Grabdenkmäler ausländischer Werkstätten hervor, denen das 1944 im Bombenhagel bis auf wenige Reste untergegangene Denkmal des Grafen Enno in der Emder Neuen Kirche richtungweisend

Auch der prächtig gekleidete Junker Aeildt Vrese vermag sich des siegesgewissen Drängens des Todes nicht zu erwehren – eine Szene nach Art des mittelalterlichen Totentanzes, verwirklicht in der Kirche von Uttum (oben). In Grimersum (linke Seite) wird neben anderen bedeutenden Bildnisgrabmälern der Blaustein für den 1613 verstorbenen Häuptling Eggerik Beninga aufbewahrt. Beninga gilt zugleich als Vater der ostfriesischen Geschichtsschreibung.

war. Wenn als Erbauer auch nicht der weit bekannte Niederländer Cornelis Floris nachzuweisen ist, so könnte dieses doch aus der Schule von Floris stammen, auf jeden Fall ist aber der stilistische Einfluß der italienischen Hochrenaissance unverkennbar. Eine prächtige Schauwand aus kannelierten Säulen, Karyatiden, Friesen und Gebälkzonen – sie ist in Europa so gut wie ohne Parallele – trennte früher den südlichen Seitenchor vom Schiff der Kirche und führte den Besucher zum eigentlichen Grabmal des Grafen. Ein breiter, durch kräftige Vor- und Rücksprünge mit qualitätsvollen Löwenköpfen bestückter Sockelbau deutet auf einen früher vorhandenen steinernen Baldachin hin, in der Art, wie er heute noch das Edo-Wiemken-Denkmal in der Stadtkirche zu Jever überdeckt. In der Mitte stand der ausladende Prunksarkophag, auf dem der Verstorbene mit aufgerichtetem, von einem Kissen mit Wappenschild gestützten Oberkörper ruhte. Das Haupt hielt der in allen Details künstlerisch anspruchsvoll Dekorierte hingebungsvoll zum Himmel gerichtet und seine Hände im Gebet vor die Brust erhoben.

Bleibt uns in Emden zunächst noch die Person des beauftragten Künstlers verborgen, so kennen wir sie aber bei der Grabplatte des Aeildt Vrese aus der Kirche in Uttum. Die Signatur VL verweist auf den niederländischen Steinmetzen friesischer Abstammung, nämlich auf Vincent Lucas. In einem dem Zeitgeschmack entsprechend reich verzierten Architekturrahmen steht im Prachtgewand der Junker Vrese mit seiner rechten, den zudringlichen Knochenmann abwehrenden Hand und trotzig-abweisendem Gesichtsausdruck. Zu seiner Linken das Schwert, unten der Prunkhelm, in Kopfhöhe aber das abgelaufene Stundenglas.

In dieser Grabplatte erkennen wir nur allzu deutlich die Absicht des Künstlers und seiner Auftraggeber, dem Ruhm- und Geltungsbedürfnis der Renaissance Raum zu geben.

Seit dem späten 16. Jahrhundert erhält aber noch ein anderer Gedanke Gestalt: Der Tod und mit ihm das Vergängliche aller Dinge wird mehr und mehr sichtbar gemacht. So erwehrt sich auf dem Grabstein für die 1547 verstorbene Eiilke Ripperda aus Hinte das junge Mädchen, zu dessen linker Seite bedeutungsvoll noch die Blüten des Lebens sprießen, mit ungläubigem Erstarren ihres Blickes des Todes mit der Sanduhr in seiner linken Hand.

Die zur Zeit des Renaissance entdeckte und dann auch überall bevorzugt verwendete perspektivische Sehweise sowie die naturalistische Darstellung auch von Details finden wir auf dem für Eggerik Beninga aus Grimersum 1562 gefertigten Blaustein dokumentiert. In typischer perspektivischer Verkürzung nämlich ist hier ein wappengeschmückter Prunksarg dargestellt, auf dem im reich verzierten Harnisch mit betenden Händen der Verstorbene ruht. Zu seiner Rechten sind unten die Eisenhandschuhe und eine Streitaxt abgelegt, zur Linken an einem lose gebundenen Ledergürtel das Schwert.

Deckten die oben beschriebenen großen Steine die Gruft der Verstorbenen ab, so ließen die Angehörigen in einigen Fällen sogenannte Wandgräber oder hohe Grabmäler in aufwendigen Architekturformen an den Wänden der Kirchenräume anbringen. Da ist das rund sechs Meter hohe Grabmal, das der Norder Häuptling Unico Manninga für seinen Neffen, den im Alter von nur 15 Jahren tödlich verunglückten Omcko Ripperda in der Kirche von Hinte errichten ließ (zur Zeit abgenommen).

Das Untergeschoß enthält in einer reich verzierten Rahmung den mit Triglyphen und Löwenköpfen geschmückten Prunksarg, auf dem der Tote mit amputierten Beinen ruht. Er erscheint noch einmal im oberen Stockwerk, hier aber nackt und auch mit heilen Beinen, gleichsam in der Gestalt seiner Auferstehung am Jüngsten Tag. Der Jüngling freilich scheint unter der dynastischen Last der insgesamt acht Wappen erdrückt zu werden, die – wiederum in einem prächtigen Architekturrahmen – über seiner Gestalt angebracht sind.

Von einem anderen Meister und daher auch in anderer, nämlich antiker Architektur das in die Wand der Esenser Kirche eingemauerte Grabmal der 1586 verstorbenen Gräfin Walburg von Rietberg, Teil einer größeren, 1792 abgebrochenen und stückweise verkauften (!) Anlage. Über einer hohen, von kannelierten Säulen gerahmten Schrifttafel erscheinen hier die ruhende Gestalt der Gräfin mit ihrem jung verstorbenen Söhnchen neben sich sowie darüber im reich mit Wappen geschmückten Rahmen die Auferstehung Christi in einer dramatischen Szene. Als Abschluß dann ein schön gestaltetes Giebeldreieck mit krönendem Totenschädel.

Ein in seinen Grundzügen ähnlich konzipiertes Wandgrabmal erhielt auch Unico Manninga selbst. Wir finden es am nordöstlichen Vierungspfeiler der Norder Ludgerikirche. Auch hier unten als Sockelzone das – jüngere – Schriftfeld und darüber die Marmorfigur des Verstorbenen in seiner Ritterrüstung (dieser Teil vor 1592). Gerahmt von zwei Symbolfiguren, dann wie in Esens die qualitätsvolle Szene der Auferstehung Christi und schließlich in einem Medaillon des Sprenggiebels der – nachträglich eingesetzte – Christuskopf aus Alabaster.

Mit den Grabsteinen und Wandgräbern adliger Familien wetteiferten aber auch kleinere Leute, wie wir sie in zahlreichen Kirchen betrachten können. Auch diese folgen den stilistischen Regeln ihrer Zeiträume. Als Auftraggeber treten aber nun nicht nur die Angehörigen des ostfriesischen Adels auf, sondern auch Geistliche oder andere Personen von Stand, wie etwa die Deichrichter in der Kirche von Wiegboldsbur.

Diese Grabplatten behielten in ihrer Aufteilung und in der ornamentalen Ausstattung grundsätzlich das vorgegebene Schema mit Randverzierung und Schriftbild bei, setzten aber auch in ein teilweise reich verziertes Medaillon das Familienwappen ein. Seltener sind Epitaphien in Holzkonstruktion, wie das in seinem architektonischen Aufbau und auch im bildnerischen Schmuck recht aufwendige barocke Stück für den Esenser Kuchenbäcker aus dem Jahre 1668 in Nesse.

In vielen zumeist lutherischen Kirchen Ostfrieslands schließlich finden wir an den Innenwänden sogenannte Totenschilde – diagonal gesetzte Epitaphien von bescheidener Gestalt in Holzkonstruktion – vor, so u. a. in Norden, Roggenstede, Nesse, Dornum und besonders zahlreich in Hinte.

# Verzeichnis der Kirchen Ostfrieslands

Erfaßt ist der Bestand bis 1900. Zur besseren Orientierung werden in der alphabetischen Aufzählung nicht die (Groß-)Gemeinden, sondern die – alten – Ortsteile und die betreffenden Landkreise (LK) sowie die Stadt Emden genannt.
(Luth. = Lutherisch; Ref. = Reformiert; Kath. = Katholisch)

| | |
|---|---|
| Ardorf | LK Wittmund. Luth. Erste Hälfte 13. Jh. teilweise Granit |
| Amdorf | LK Leer. Luth. 1769. |
| Arle | LK Aurich. Luth. St. Bonifatius. Um 1200. Altaraufsatz und Sakramentshaus aus der Spätgotik. |
| Asel | LK Wittmund. Luth. Um 1200. Granit. |
| Aurich | LK Aurich. Luth. St. Lambertus. 1835. Spätgotischer Altar. |
| Aurich | LK Aurich. Ref. 1814. Bedeutender klassizistischer Zentralbau. |
| Aurich | LK Aurich. Kath. St. Ludgerus. 1850. |
| Aurich | LK Aurich. Method. 1878. |
| Aurich-Oldendorf | LK Aurich. Luth. St. Petrus (Jakobus?). Anfang 14. Jh. |
| Backemoor | LK Leer. Luth. St. Laurentius (?) 13. Jh. Turm 15. Jh. |
| Bagband | LK Aurich. Luth. Mitte 13. Jh. |
| Baltrum | LK Aurich. Luth. 1826, profaniert. |
| Bangstede | LK Aurich. Luth. Ende 13. Jh. |
| Bargebur | LK Aurich. Ref. 1684. Patronat: Graf Knyphausen. |
| Bedekaspel | LK Aurich. Ref. St. Maria (?) 1728. |
| Berdum | LK Wittmund. Luth. 1802. |
| Bingum | LK Leer, Luth. St. Matthäus. Anf. 13. Jh. |
| Blersum | LK Wittmund. Luth. 1250/70. |
| Blomberg | LK Wittmund. Luth. 1870. |
| Böhmerwold | LK Leer. Ref. 1703. |
| Borkum | LK Leer. Ref. 1897. Architekt: Otto March, Berlin. |
| Borssum | Stadt Emden. Ref. St. Nikolaus (Georg ?) 13. Jh. |
| Breinermoor | LK Leer. Luth. St. Vincentius (?) 1784. |
| Bunde | LK Leer. Ref. St. Martin. Schiff Anf. 13. Jh. Bedeutende Ostteile 1260/80. |
| Burhafe | LK Wittmund. Luth. St. Florian 1821. |
| Buttforde | LK Wittmund. Luth. St. Maria. Anf. 13. Jh. Granit. Bemerkenswerte Ausstattung. |
| Campen | LK Aurich. Ref. Ende 13. Jh. Beachtenswerte Gewölbeausmalung. |
| Canum | LK Aurich. Ref. 1250/70. |
| Carolinensiel | LK Wittmund. Luth. 1776. |
| Cirkwehrum | LK Aurich. Ref. 1751. |
| Collinghorst | LK Leer. Ref. 15. Jh. |
| Detern | LK Leer. Luth. St. Bartholomäus (?) 1806. |
| Ditzum | LK Leer. Ref. 13. Jh. |
| Ditzumerverlaat | LK Leer. Ref. 1896. |
| Dornum | LK Aurich. Luth. St. Bartholomäus 1270/90. Reiche Ausstattung. |
| Driever | LK Leer. Ref. 1875. Turm 1696. |
| Dunum | LK Wittmund. Luth. 1200/1220. |
| Eggelingen | LK Wittmund. Luth. 1300/1400. Wiederaufbau 1836. |
| Eilsum | LK Aurich. Ref. St. Petrus (?). Mitte 13. Jh. Schiff gewölbt. Ostchorturm mit Apsisfresko. |
| Emden | Ref. „Große Kirche". St. Cosmas u. Damian. 13.–15. Jh. Ruine. Renaissance Grabmal für den Grafen Enno II. von 1548. |
| Emden | Ref. Neue Kirche. 1648. T-förmiger Grundriß. |
| Engerhafe | LK Aurich. Luth. St. Johannes d. T. Ostteil um 1260, Westteil 1260/90. |
| Esens | LK Wittmund. Luth. St. Magnus. 1854. |
| Esklum | LK Leer. Ref. 14. Jh. |
| Etzel | LK Wittmund. Luth. 1240/60 |
| Filsum | LK Leer. Luth. St. Paulus. 2. Hälfte 13., Chor 15. Jh. |
| Firrel | LK Leer. Baptisten. 1896. |
| Flachsmeer | LK Leer. Kath. 1861. |
| Forlitz-Blaukirchen | LK Aurich. Luth. 1844. |
| Freepsum | LK Aurich. Ref. Mitte 13. Jh. |
| Funnix | LK Wittmund. Luth. 1330/1400. |
| Greetsiel | LK Aurich. Ref. St. Maria. 1401. |
| Grimersum | LK Aurich. Ref. 2. Hälfte 13. Jh. |
| Groothusen | LK Aurich. Ref. St. Petrus. 15. Jh. |
| Groß-Midlum | LK Aurich. Ref. St. Maria. Um 1300. |
| Großwolde | LK Leer. Ref. 14. Jh. |
| Grotegaste | LK Leer. Ref. Erneuerung 1819. |
| Hage | LK Aurich. Luth. 1220/40, reiche Fassadengliederung Westteil 15. Jh. Spätgotischer Altar. |
| Hatshausen | LK Leer. Luth. 1783 |
| Hatzum | LK Leer Ref. St. Sebastian. Spätes 13. Jh. |
| Hesel | LK Leer. Luth. 1800. |
| Hinte | LK Aurich. Ref. St. Maria (?). Ende 15. Jh. Beachtliches Ensemble mit Burg. |
| Hollen | LK Leer. Luth. 1896. |
| Holtgaste | LK Leer. Luth. St. Ludger. Schiff 1. Hälfte 13. Jh. Chor um 1400. |
| Holthusen | LK Leer. Ref. 1882 |
| Holtland | LK Leer. Luth. 13. Jh. Chor 15. Jh. |
| Holtrop | LK Aurich. Luth. Mitte 13. Jh. |
| Horsten | LK Wittmund. Luth. St. Mauritius. Mitte 13. Jh. |
| Ihren | LK Leer. Baptisten. 1854 |
| Ihrhove | LK Leer. Ref. 2. Hälfte 13. Jh. |
| Jarssum | Stadt Emden. Ref. 1797. |
| Jemgum | LK Leer. Ref. St. Sixtus 1401. Ehemalige Johanniter-Kapelle.<br>Zubauten 1661 und 1797. |
| Jennelt | LK Aurich. Ref. 15. Jh. |
| Jheringsfehn | LK Aurich. Luth. 1864 (zugleich für Boekzetelerfehn) |
| Kirchborgum | LK Leer. Ref. 1827 |
| Landschaftspolder | LK Aurich. Ref. 1768, spätere Zubauten. |
| Langeoog | LK Aurich. Luth. 1859. |
| Larrelt | Stadt Emden. Ref. St. Johannes d. T. Ende 15. Jh. Westturm um 1300. |
| Leer | LK Leer. Ref. Krypta. St. Ludger. Um 1200. |
| Leer | LK Leer. Ref. 1787. Barocker Zentralbau über griechischem Kreuz. Turm 1805. |
| Leer | LK Leer. Luth. Lutherkirche. 1675, mit späteren Zubauten. |
| Leer | LK Leer. Kath. St. Michael. 1776. |
| Leer | LK Leer. Mennoniten. 1826. |
| Leerhafe | LK Wittmund. Luth. St. Caecilia, St. Margaretha (?) 15. Jh. Teilweise Granit vom Vorgängerbau um 1200. |
| Loga | LK Leer. Luth. 13./14., Chor 15. Jh. Westturm 1841. |
| Logabirum | LK Leer. Luth. 14. Jh. Westturm 1879. |
| Logumer Vorwerk | Stadt Emden. Ref. 1884. |

| | |
|---|---|
| Loppersum | LK Aurich. Ref. 1866. |
| Loquard | LK Aurich. Luth. 2. Hälfte 13. Jh. Altaraufsatz Anf. 16. Jh. |
| Manslagt | LK Aurich. Ref. Um 1400. |
| Marienchor | LK Leer. Ref. St. Maria 1668. |
| Marienhafe | LK Aurich. Luth. „Curia St. Mariae" 1250/70. Urspr. dreischiffige Basilika mit Westturm und kreuzförm. Ostabschluß. Reste der Bauplastik im Turmmuseum. |
| Marx | LK Wittmund. Luth. Um 1200. Granit. |
| Middels-Osterloog | LK Aurich. Luth. Um 1200. Granit. |
| Midlum | LK Leer. Ref. Anf. 13. Jh. |
| Mitling-Mark | LK Leer. Ref. 14. Jh. |
| Mittegroßefehn | LK Aurich. Luth. 1856. |
| Neermoor | LK Leer. Ref. St. Paulus (?) 1875 (1796?) |
| Nendorp | LK Leer. Ref. 1820. |
| Nesse | LK Aurich. Luth. Um 1200. Tuff. Chor 15. Jh. |
| Neustadtgödens | LK Wittmund. Luth. 1696, Turm 1714. |
| Neustadtgödens | LK Wittmund. Ref. 1716, profaniert. |
| Neustadtgödens | LK Wittmund. Kath. 1715. |
| Neustadtgödens | LK Wittmund. Mennoniten, profaniert. |
| Neuburg | LK Leer. Luth. 1779. |
| Norden | LK Aurich. Luth. Ludgerikirche. Schiff um 1200, Querschiff 14. Jh. Chor 1445–53. Bedeutende Ausstattung: Chorgestühl u. Sakramentshaus 15. Jh. Epitaphien. Bauplastik. |
| Norden | LK Aurich. Mennonitenkirche. Ehem. Bürgerhaus, 1662, Ausbauten 1796 und 1834. |
| Norden | LK Aurich. Ref. 1876 (ehem. Herrnhuter). |
| Norderney | LK Aurich. Luth. 1879. |
| Norderney | LK Aurich. Kath. St. Ludgerus. 1884. |
| Nortmoor | LK Leer. Luth. St. Georg. 1751. |
| Nüttermoor | LK Leer. Ref. St. Petrus. Um 1300. |
| Ochtelbur | LK Aurich. Luth. 2. Hälfte 13. Jh. |
| Oldendorp | LK Leer. Ref. Anf. 14. Jh. |
| Oldersum | LK Leer. Ref. St. Antonius u. Simeon. Neubau 1922. Turm 14. Jh. |
| Osteel | LK Aurich. Luth. St. Werenfridus (St. Maria?). 13. Jh. Ostteile 1830 abgetragen. |
| Ostgroßefehn | LK Aurich. Luth. 1895. |
| Petkum | Stadt Emden. Luth. St. Antonius (?) Schiff 13., Chor 15. Jh. |
| Pewsum | LK Aurich. Luth. 15. Jh. St. Nikolaus. Wesentlicher Umbau 1862. |
| Pilsum | LK Aurich. Ref. St. Stefanus. Schiff und Ostteile 1. Hälfte, Vierungsturm Ende 13. Jh. Reich gegliederte Fassaden. Ehemals Seezeichen. |
| Pogum | LK Leer. Luth. 1776 auf älteren Fundamenten erbaut. |
| Reepsholt | LK Wittmund. Luth. St. Mauritius. 14. Jh. Schiff, z. T. Granit. Ostteile kreuzförmig. Westturm 1474 gesprengt, Ruine. |
| Remels | LK Leer. Luth. St. Martin. Frühes 13. Jh., zum Teil aus Tuff und Granit. Raum teilweise gewölbt. Spätmittelalterlicher Torturm. |
| Resterhafe | LK Aurich. Luth. Spätes 13. Jh. |
| Rhaude | LK Leer. Luth. 14. Jh. gewölbter Durchgangsturm. |
| Riepe | LK Aurich. Luth. St. Vincentus (St. Gertrud?). Glokkenturm mit barocker Haube „Teebüss". |
| Roggenstede | LK Wittmund. Luth. Mitte 13. Jh. |
| Rorichum | LK Leer. Ref. 14. Jh. |
| Rysum | LK Aurich. Ref. Schiff 15. Jh., Westturm 1585 erneuert. Seltene spätgotische Orgel. |
| Siegelsum | LK Aurich. Luth. 1822. |
| Simonswolde | LK Aurich. Ref. Schiff Ende 13., Chor 15. Jh. |
| Spiekeroog | LK Wittmund. Luth. 1669. |
| Stapelmoor | LK Leer. Ref. Um 1300. Bedeutende Kreuzkirche mit erhaltenen Gewölben. |
| Stedesdorf | LK Wittmund. Luth. St. Aegidius. Um 1150. Tuff. Ostteile in Backstein im 15. Jh. erneuert. |
| Steenfelde | LK Leer. Luth. St. Maria u. Nikolaus. 14./15. Jh. |
| St. Georgiwold | LK Leer. Ref. 1689. |
| Strackholt | LK Aurich. Luth. St. Barbara. Mitte 13. Jh. |
| Suurhusen | LK Aurich. Ref. Schiff 13. Jh. Westturm 15. Jh. |
| Tergast | LK Leer. Ref. 13. Jh. |
| Thunum | LK Wittmund. Luth. St. Nikolaus 1842. |
| Timmel | LK Aurich. Luth. 1736. |
| Twixlum | Stadt Emden. Ref. Schiff 15. Jh. Westturm um 1400. |
| Uphusen | Stadt Emden. Ref. St. Vincentius. (St. Laurentius?) Spätes 13. Jh. |
| Upleward | LK Aurich. Ref. St. Donatus. 14. Jh. |
| Uttum | LK Aurich. Ref. St. Paulus. 13. Jh. Westturm 1527 (Inschrift). |
| Veenhusen | LK Leer. Ref. Um 1400. |
| Vellage | LK Leer. Ref. Um 1400. |
| Victorbur | LK Aurich. Luth. St. Victor. Frühes 13., Chor 15. Jh. |
| Visquard | LK Aurich. Ref. Spätes 13. Jh. |
| Völlen | LK Leer. Luth. 15. Jh. Westturm 1559. |
| Warsingsfehn | LK Leer. Luth. 1894. |
| Weene | LK Aurich. Luth. St. Nikolaus. 13. Jh. |
| Weener | LK Leer. Ref. St. Georg. Schiff Neubau 1492, Chor 1462. |
| Weener | LK Leer. Kath. 1849. |
| Weenermoor | LK Leer. Ref. 1824. |
| Werdum | LK Wittmund. Luth. St. Nikolaus. Schiff 1327, Chor 1476, Westturm 1763. |
| Westeraccum | LK Wittmund. Luth. 1270/1300. |
| Westerbur | LK Wittmund. Luth. 16./17. Jh. |
| Westerende-Kirchloog | LK Aurich. Luth. Spätes 13. Jh. |
| Westerholt | LK Wittmund. Luth. 1250/70. |
| Westerhusen | LK Aurich. Ref. 15., Turm 13. Jh. |
| West-Ochtersum | LK Wittmund. Luth. St. Maternianus 1260/90. |
| Westrhauderfehn | LK Leer. Luth. 1848. |
| Westrhauderfehn | LK Leer. Kath. 1853. |
| Wiegboldsbur | LK Aurich. Luth. 13. Jh. |
| Wiesens | LK Aurich. Luth. St. Johannes d. T. Mitte 13. Jh. |
| Wirdum | LK Aurich. Ref. St. Johannes. 14. Jh. |
| Wittmund | LK Wittmund. Luth. St. Nikolaus 1776. |
| Wolthusen | Stadt Emden. Ref. 1784. |
| Woltzeten | LK Aurich. Ref. 1727. |
| Woquard | LK Aurich. Luth. 1789. |
| Wybelsum | Stadt Emden. Ref. 1700. |
| Wymeer | LK Leer. Ref. 1886. |

# Erläuterung bauhistorischer und kirchlicher Fachausdrücke

| | |
|---|---|
| APSIS | halbrunder Chorraum, zumeist im Osten der Kirche |
| ARKADE | Architekturglied aus Bogen und Pfeiler (oder Säule) |
| BALDACHIN | Überdachung des Altars |
| BASILIKA | Bauwerk mit höherem und belichtetem Mittelschiff und niedrigeren Seitenschiffen |
| BIRNSTAB | Gewölberippe mit birnenförmigem Querschnitt |
| BLENDE, BLENDBOGEN | dekorativer Bogen auf der Wandfläche |
| DIENST | Halb- und Dreiviertelpfeiler auf der Wand |
| DOMIKAL-GEWÖLBE | tief ansetzendes Kuppelgewölbe mit vier oder acht Rippen |
| DREIPASSBOGEN | aus drei Zirkelschlägen gebildeter Bogen der Spätromantik |
| EPITAPHIEN | Totenschilder |
| FALTWERK | geschnitztes Ornament in Form gradliniger Falten der Spätgotik und Renaissance |
| FASE | abgeschrägte Mauerkante |
| FIALE | verziertes Spitztürmchen der Gotik |
| FISCHBLASE | gewundenes Zierelement des gotischen Maßwerks |
| GEWÄNDE | seitlicher Abschluß von Fenster- und Portalöffnungen |
| GEWÖLBEJOCH | Grundrißform des Gewölbes |
| GURTBOGEN | quergespannter Gewölbebogen |
| JOCH | durch vier Eckstützen bezeichnete, meist überwölbte Raumeinheit |
| KÄMPFER | hervortretendes Widerlager eines Bogens |
| KAFFGESIMS | umlaufendes Ziergesims zum Abweisen des Regenwassers in der Gotik |
| KAPITELL | zumeist verzierter Säulen- und Pfeilerkopf |
| KIELBOGEN | zugespitzter Bogen in Form eines Schiffskiels |
| KOMMENDE | Verwaltungsbezirk oder Ordenshaus der Johanniter oder des Deutschherrenordens |
| KONSOLSTEINE | Steine, die aus der Wand herausragen und Tragefunktion haben |
| KONVENTIKEL | (heimliche) Zusammenkunft; private religiöse Versammlung |
| KOPIAR | Sammlung von Urkundenabschriften |
| KORBBOGEN | flacher, gedrückter Rundbogen |
| KREUZBOGEN-FRIES | Fries aus sich überkreuzenden Rundbögen |
| KUPPA | (lat.) Becher; hier Taufbecken |
| LAIBUNG | abgeschrägtes Fenster- oder Türgewände |
| LETTNER | halbhohe Schranke zwischen Chor und Langhaus |
| LISENE | leicht vortretender glatter, senkrechter Streifen zur Gliederung der Wand |
| MASSWERK | geometrische Zierform im gotischen Fenster |
| OCULUS | Rundfenster mit kreisförmigem Zuschnitt |
| PATRONATSRECHT | Gesamtheit der Rechte und Pflichten des Schutzherrn einer Kirche |
| PEDRELLA | malerisch oder plastisch geschmückter Unterbau des Altars |
| PFEILER | Stützglied von quadratischem oder rechteckigem Grundriß |
| PIETISTEN | Vertreter einer im 17. Jahrhundert einsetzenden religiösen Bewegung, die mit der Erneuerung des frommen Lebens die Kirche inhaltlich restaurieren wollte |
| PILASTER | schmale Wandvorlage mit Kapitell und Basis |
| PROSPEKT | Vorderseite des Orgelgehäuses |
| RETABEL | Altaraufsatz |
| RISALIT | vorspringender traufenhoher Bauteil |
| SÄKULARISIEREN | kirchlichen Besitz einziehen und verstaatlichen |
| SÄULE | Stützglied von kreisförmigem Querschnitt |
| SCHILDBOGEN | aus der Mauer hervortretender Gewölbebogen |
| SCHLEIERWERK | ornamentales Schnitzwerk |
| SECCOMALEREI | auf trockenem Putz aufgebracht; im Gegensatz zur Freskomalerei, die auf den noch feuchten Putz aufzutragen ist |
| SEGMENTBOGEN | Überwölbungen von Öffnungen mit flachem Kreisausschnitt |
| SICHELBOGEN | Bogen, der am Kämpfer schmaler ist als am Scheitel |
| SOHLBANK | abgeschrägtes Fenstergesims |
| SPITZBOGEN | aus zwei Kreisen konstruierter Bogen der Gotik |
| STREBEPFEILER | Mauerpfeiler zur Aufnahme von Gewölbekräften |
| STROMSCHICHT („Deutsches Band") | Mauerzier aus diagonal gesetzten Backsteinen einer Schicht |
| TRALJEN | Gitter aus gedrechselten kleinen Stäben |
| TRAGALTAR | kleine, meist quadratförmige Steinplatte, die reisenden Priestern zur Meßfeier diente |
| TRINITÄT | Dreieinigkeit, Dreifaltigkeit Gottes |
| TRIUMPHBOGEN | raumhoher Bogen vor dem Chorraum |
| VIERUNG | Raumquadrat an der Schnittstelle von Lang- und Querhaus |
| VISITATION | Besuch des aufsichtspflichtigen Geistlichen der ihm unterstehenden Gemeinden |
| WANDVORLAGE | vortretender, gegliederter Mauerteil zur Aufnahme von Gewölberippen |
| WANGEN | Seitenwände der Kirchenbauten |
| WULSTEINLAGEN | aus einzelnen Formsteinen zusammengesetzte Rundvorlagen bei Portalen und Fenstern |
| ZINNENFRIES | Gesimsstreifen mit zahnartigem Mauerabschluß |

# Die Ostfriesischen Inseln

Detlef Hartlap
Hans Kolde
Martin Stromann

Verlag Soltau-Kurier